世界憲法と世界連邦で平和の仕組みを創ろう

MIYABAYASHI Sachio

宮林幸雄

文芸社

も く じ

第11章　雑文

世界憲法と世界連邦で
平和の仕組みを創ろう

第1章　核廃絶と戦争放棄

1.　「宇宙双六・300億年の旅」のタイトル（52区画の宇宙）
作　宮林　幸雄　　　画　栃久保　操

No. 1　（得点0）　　ビッグバン（約150億年前）
No. 2　（得点1）　　銀河系の誕生（約120億年前）
No. 3　（得点3）　　太陽の誕生（約50億年前）
No. 4　（得点1）　　地球の誕生（約46億年前）
No. 5　（得点3）　　生命のはじまり（約35億年前）
No. 6　（得点1）　　日本列島の誕生（約5億年前）
No. 9　（得点0）　　恐竜時代の到来（約2億年前）
No.12　（得点1）　　現日本列島の形成（約1,500万年前）
No.13　（得点3）　　人類誕生（約500万年前）
No.14　（得点3）　　氷河時代の到来（約200万年前）
No.15　（得点1）　　原人の出現（約50万年前）
No.17　（得点3）　　人類の第1革命「農業革命」（約5,000年前）
No.18　（得点-1）　　長篠の合戦（約400年前）
No.19　（得点3）　　人類の第2革命「産業革命」（約200年前）
No.20　（得点3）　　人類　月に立つ（約20年前）
No.21　（得点0）　　1回休み（現在）　　※1993年（平成5年）
No.22　（得点-1）　　旧ソ連圏のデフォルト（約3年後）
No.24　（得点5）　　人類の第3革命「理念革命」（約7年後）
No.25　（得点-1）　　日本大震災（約10年後）
No.27　（得点3）　　世界憲法の制定と世界連邦機構の設立（約30年後）
No.32　（得点-4）　　世界大恐慌（約80年後）
No.34　（得点-3）　　地球温暖化による民族大移動（約100年後）
No.36　（得点3）　　火星移住の開始（約300年後）
No.38　（得点-5）　　人類滅亡（約500年後）
No.39　（得点2）　　地球が再び動植物の楽園になる。（約1,000年後）
No.43　（得点3）　　火星に新人類が誕生する。（約10万年後）
No.44　（得点1）　　火星新人類の地球観光が人気を博す。（約50万年後）
No.49　（得点-5）　　地球の消滅（約46億年後）
No.50　（得点-5）　　太陽の消滅（約50億年後）
No.51　（得点-2）　　ブラックホールの急拡大と宇宙の急収縮（約140億年後）
No.52　（得点0）　　再びビッグバンが起る。（約150億年後）

人類の歴史（500万年＋500年）

原案制作　1993年（平成5年）
双六発行　1994年（平成6年）11月1日

2.　核なき世界への祈り

広島　平和記念公園
慰霊碑前にて
（2016・5・5　撮影）

　人類は「宗教と哲学と芸術との出会い」により　大きな転換点を
経験した。又　「平和との出会い」は「第2の人類の転換点」にな
るもので、これから人類社会は「世界の恒久平和」に向けて舵を切
る。
「平和」は神の創造した秩序であり、何人もこのパワーを否定する
ことは出来ない。そして「神の秩序と人類の知恵」によって「パラ
ダイム（価値観を共有した時代的認識）の大転換」が起こり、これ
から平和な社会がやってくる。

火おんどりの祭り

毎年8月15日の夜9時から40分間にわたり「設楽ヶ原の戦い（1575）」の激戦地であった竹広地区の住民は、400年余にわたって大きな松明に火をつけて戦死者の霊をなぐさめている。

一説によれば15,000体の死者がこの地に山の様に積まれて「大塚・小塚」を形成し、この小山を地元の人々は「信玄塚」と呼んでいる。但し「戦国時代最強の武将」として恐れられていた戦国大名・武田信玄（1521〜1573）はこの戦いの時には亡くなっていて　武田軍の総大将は息子の武田勝頼（1546〜1582）であった。この「信玄塚」は近くの「首洗い池」と共に戦場になった「設楽ヶ原古戦場」として世界遺産に登録し、地元住民の心を世界の人々に伝えたいものである。

3.　核廃絶と脱原発への道（広島宣言）

「核兵器」と「原子力発電所」は、人類の生存を脅かす最悪の危険物です。このままこの「悪魔の凶器」を放置しているなら核戦争が勃発して「人類滅亡」の悲劇を迎えてしまいます。

　この様な愚を避ける為に「世界憲法」を制定し核兵器と原発を「人類社会の絶対悪」として禁止することを提唱します。この人類の理想を達成する為に、世界の500市以上の地方行政府の首長が広島に参集して「広島平和会議」（仮称）を結成し　下記の「広島宣言」を世界に発信することを提案致します。「核」も「原発」も一旦暴走しだしたら人間の力で止めることは出来ないので、人間の理性の力で世界の平和を実現させることを祈念致します。

広島宣言（案）

第1条　核兵器と原発は作らず、保有せず、使用しない。
　　　　この崇高な理想の下に、今までに製造された核兵器や原発を無条件で全て廃棄する。この合意を形にすれば人類は「核なき世界」を実現させることが出来る。

第2条　核兵器や原発についての研究や実験を一切禁止する。又　この様な軍需産業や原発産業への資金の融資や軍事予算の支出を禁止して　軍事費と原発の資金源を絶つ。核は非人道的兵器であることを人類は忘れてはならない。

第3条　前条の目標を達成する為に「核廃絶」と「戦争放棄」を定めた「世界憲法」を制定する。そして国連を解体して「世界連邦」を創設することを国際社会に要請する。

2018年8月6日

広島平和会議議長　○○○○

人間の力では「富士山大噴火」や「南海トラフ巨大地震」等の自然災害を防ぐことは出来ません。しかしこの「広島宣言」は人間の心が一つになれば　すぐにでも実行することが出来ます。世界の人々が「ええじゃないか」と思うことを実践すれば悲願の「世界平和」が実現します。又　世界各国の地球市民が「戦争放棄」の意志を固めれば、その「人類の夢」は形になります。今　地球社会には人類が経験したことのない様な恐ろしい「世界危機」が迫っていますが「広島宣言の採択」によって人類は　世界平和への第一歩を踏み出すことが出来ます。

　その様な思いを込めて私は「広島平和会議」を結成して「広島宣言」を世界に発信することを提言致します。そして「人類滅亡」の悲劇をなくして　この世の中が浄土になることを希求します。

合掌

2016年8月6日
宮林幸雄

4.　世界秩序の絶対権の確立について

　世界秩序を維持する為には人類愛を基本理念とした「絶対権」と「決定権」が必要である。しかし絶対的な権力はいつかは腐敗する。そこで生まれたのが議会制民主主義であり、この仕組みの「選挙」によって独裁者にレッドカードを突きつけて「政権交代」を可能にすることが出来る。又　100万人単位の「戦争反対」のデモが起こるなら、社会に「革命」が起こり「世界平和」が実現する。

　一方　中国では「科挙」による人材登用制度によって有能な公務員を採用し、不公平な人事をなくすことに努めた。しかしこの制度は一見平等なシステムであるが　ピラミッド型の「一党独裁」という弊害をもたらす恐れがある。その点世界憲法は世界連邦大統領の「絶対権」という大権を認めている。そして大統領の独裁が表面化したならば　世界憲法によって世界連邦議会内の「弾劾裁判」に掛けられ、その審判によって大統領の職を解かれることになる。この様に「議会による自動チェックシステム」が機能すれば、独裁者を排除することが可能になり　独裁国家を修正して真の民主主義を実現させることが出来る。

　但し　議会の横暴は国民の監視に頼るしか方法がない。しかしそこには地球市民と世界のジャーナリストの公正な目が光っている。

2017年11月23日

5. 平和の仕組み

「世界憲法」を制定して「平和の仕組み」をつくろう。そして「世界連邦」を創設して世界の軍事力を解体し「世界を一つ」にすれば真の世界平和が実現する。又 「世界の戦争放棄」により全世界の年間軍事予算である1兆5,500億ドル（1ドル100円換算で155兆円）が不要になれば、世界の貧困問題が解消してテロはなくなり地球温暖化問題も好転する。こうして「世界維新」を断行すれば 普遍的な人類愛でつながった「人間主義社会」が到来し、地球社会に「幸せな未来」がやってくる。この様に世界連邦は、各国の軍事力を不要にする国際機関であり、人類社会の安全と安心を守る「世界首都」である。

　一日も早く　世界憲法が制定され世界連邦が実現して　平和な世の中が訪れることを祈願する。

※平和のしくみのルート

世界憲法の制定→	世界連邦の創設→	世界維新の実現
（2020年）	（2025年）	（2026年）

（残念なことに　現状ではこの工程表は役に立たなくなっている。）

長篠合戦のぼりまつり　　　　　写真　　宮林幸雄

この設楽ヶ原古戦場では織田・徳川連合軍（3.8万人）と武田軍（1.5万人）が激突し、大量の鉄砲が火を吹いた。この　長篠の戦い（1575）では　僅か8時間で連合軍が圧勝したが　両軍で1.5万人もの兵が命を落したという。

第 2 章　世界憲法108条　草案

2015 年 5 月 3 日
2016 年 9 月 21 日改訂

地球上に人類が誕生して以来、悠久の永い年月が流れてきた。そしてそこに様々な文化や芸術が花開いてきた。しかし一方では18世紀後半に英国で産業革命が起こって「経済優先の競争社会」が登場し　様々な悪弊が社会に蔓延している。

こうして「戦争」や「貧困」や「環境破壊」が世界の各地で起こり　人類社会は今その誕生以来、最大級の難局に直面している。特に人類は究極の破壊兵器である「核兵器」と「使用済核燃料」という難題を抱えている「原発」を保有するに至り、国連では解決不能の深刻な事態に陥っている。

又　一方では株式や国債の巨額取引や金融緩和によるハイパーインフレによって「世界経済の破綻」という危機を迎えている。更には「地球温暖化」や「大地震」や「超巨大台風」による大規模災害や「貧富の差の拡大」や「難病や感染症の多発」等の諸問題が懸念されている。人類社会にはこの様な複合問題群の包括的解決が求められているが、こうした事態を改善する為には更なる「増税」か「国債の増発」が必要になる。しかしそこに待ち受けているのは「スタグフレーション」（不況下の物価高）や「世界恐慌」という恐怖のシナリオである。こうした経緯を経て地球社会が大破壊に直面することは論を待たない。この様に国際社会の前途には様々な重大問題が横たわっているが、こうした課題を解決する為には一国のみの力では限界がある。今こそ「世界を一つに」しなければ、この事態を打開することは出来ない。

特に「軍事予算や地球環境対策費の増大」は各国財政の足かせになっているが、こうした複合的なリスクを解消する為には各国の上位に位置する「世界政府の設立」が急務の課題になる。そして「世

15

界法の理念」を成文化した「世界憲法の制定」が必要不可欠になる。こうした「人類社会の危機」を回避する為に、今こそ地球市民が立ち上らなければ 500 年後には「人類滅亡」の悲劇を迎えてしまう。この様に地球上で最高の叡智を授かってきた人類が絶滅危惧種になろうとしているが、その愚を避ける為の唯一の手段は「世界憲法」を制定して「世界連邦」を創設することである。かかる考えの下に、ここに世界憲法を制定することを提言する。併せて本憲法が人類の危機を救う道標になることを祈念する。尚　憲法の本来の目的は国家権力を縛り独裁国家や軍事政権や官僚腐敗に歯止めを掛けてそこから普遍的な価値観である「平和と人権」を守ろうとするものであるが、本憲法ではそうした国家権力や世界公務員を取締ると共に世界を構成する地球人の「わがまま」にも制約を加えて両者の力関係に信頼と秩序と人類益（平和・自由・安心）を求めようとするものである。

第1節　世界憲法の基本理念

世界憲法は地球市民の基本的人権を守る砦であり、世界の平和と地球環境を守る掟である。世界の何人もこの人類の理想と希望を尊重し幸せな安心社会を築くことに努めなければならない。

第2節　世界法の概念

世界憲法は世界法に基づいて普遍的な真理と正義を象徴している理念を成文化したもので、その思想体系は全人類の根本思想に根ざすものである。又　その概念は人類社会の秩序を形成する原理であり、全ての法律の上位に位置するものである。しかし世界法そのものに特定の法体系がある訳ではなく世界憲法はそうした世界法の包括的概念を集約したもので　唯一無二の自然発生的な理念であり、人類の理想を形にしたものである。憲法とは「国家権力を縛る」為の聖典であり、「あらゆる権力」は憲法によって制約さ

れるものであることを忘れてはならない。

第3節　世界憲法の基本原則

人類は有史以来戦争という愚かな行為を繰り返してきた。世界憲法と世界連邦で「平和の仕組み」を創るなら「法の力」と「人間力」によって幸せな社会が到来する。

かかる考えの下に、下記の様な基本原則に立って世界憲法を制定する。

①世界憲法を忠実に守り安全で安心な人類社会を建設する。

②世界憲法は世界法に基く不文律を成文化したもので、そのルーツは「自然法の大原則」に基く人類社会の暗黙のルールであり人類の掟である。

③「地球社会の破滅を避ける」という「人類の理想」は、他のいかなる目標よりも優先されなければならない。（アインシュタインの平和原則）

④現下の人類社会は「戦争による破壊」と「地球環境異変による破滅」と「経済破綻による破局」のトリプル崩壊により「人類史上最大の危機」にぶつかっている。世界憲法はこうした世界的課題を解決して人類社会の新時代を築こうとするものである。

⑤和の尊重とわがままや偏見や憎悪の排除により、人間力を高めた非対立・非暴力の平和な社会を創る。（ガンジーの平和原則）こうした目標を世界憲法で定めることにより、人類社会の未来に夢と希望の灯を点す。

⑥民主主義と立憲主義に基いて世界憲法で人類社会の秩序を守る。（世界憲法による絶対権の確立）又　各国の「主権の制限」を行って世界を律する。（世界連邦議事堂に戒壇院を設けて政治権力者の教育に努める）

⑦「核兵器の廃絶」と「戦争放棄（軍事力解体）」と「原発ゼロ」の社会を実現して幸せな社会を建設し、次世代

の若者にこの地球を引き渡す。

⑧軍事力や経済力という「力による支配」を否定し「法（世界憲法）による支配」で「世界の恒久平和」を実現させる。

⑨貧困とテロの撲滅（格差を是正した安心社会の確立）

⑩「貿易の許可制」を実施して「自由」に制限を掛ける。

⑪地球環境の保全と再生可能エネルギーの開発

⑫競争社会の是正（資本主義社会から人間主義社会への大転換）

⑬難病や感染症の克服や健康の増進（「健康増進住宅」の普及）

⑭「言論の自由」と「報道の自由」を守る為の確かな仕組みを作る。

⑮「補完性の原則」と「保護する責任」
　国内レベルの問題は国内で、地球レベルの問題は地球規模で解決するという「補完性の原則」に立って地球社会の問題解決に当たる。又　加盟国が自らの力では解決出来ないと思われる場合には、世界連邦はその国を保護しなければならない。（この「弱者救済の理念」は人間主義社会の原点である。）

⑯能力に応じて支えあう税制の仕組みを作る。（「応能原則を重視した税制」の採択）

⑰人間主義社会の理想に基いて「社会的弱者を支える仕組み」を構築し、平和で希望のある社会を作り格差を是正する。（「ベーシックインカムの導入」を検討する。）

⑱「基本的人権」と「平和的生存権」と「民主主義」と「自由」を守る仕組みを作る。

⑲企業献金・団体献金を禁止し、中立性と平等性の高い社会を建設する。

⑳「政教分離の原則」に立ち、宗教が政治に介入すること

を禁止する。

㉑世界憲法は法の力と民主主義の力で「政治権力者の独裁」と「世界公務員の横暴と不正」と「地球市民のわがままやエゴ」を縛ろうとするものである。

㉒武力を否定したら社会を律することが出来なくなる。（頼朝式武力必要論）しかし「武力社会」を容認していたら弱肉強食の戦国社会になりリーダー不在の無政府社会になる。一方　民主主義は武力や経済力等による「力ずくの社会」を、民意を重んじた「公平な社会」に転換しようとする仕組みである。即ち　法の力と人間力により社会に「格差是正のブレーキ」を掛けようとするのが民主主義の本来の使命である。

㉓世界憲法は世界を良くする為の智恵を成文化しようとするものであり、世界連邦はその理念を実践しようとする国際的組織である。

㉔世界憲法の条文は簡潔・明快を旨とし、人類社会の公益に資する政策を定めた人類社会の掟である。

㉕世界連邦は各国の「国益」を優先させるのではなく「人類益」を優先する仕組みを求めようとした世界共同体である。

㉖世界的なグローバリゼーションの流れにブレーキを掛け「貧富の差」をなくす。この目的を達成する為、年間所得500万円以下の地球市民は無税とする。

㉗世界憲法は政治と経済のルールを定めたものであり、地球市民の普遍的な規律である。人類が生き続けていく為にはこうした流儀がどうしても必要である。

第4節　世界憲法の目標

①世界憲法を制定して「平和のしくみ」を作る。そして戦争をなくして「生命の安全」と「心の平安」を守る。

②戦争をなくせない国連には限界がある。世界を治める
　ルールを世界憲法で定め、世界を一つにする仕組みを有
　した世界連邦を創設して世界政府の基盤づくりをする。

③戦国時代を生き抜いて天下を統一した徳川家康（1542
　〜 1616）は元和偃武（武器を蔵にしまい戦をやめて平
　和を築け！）を唱えてこの世を去った。恐らくこの理念
　は千利休（1521 〜 1591）が家康に託した「辞世のメッ
　セージ」であろうと思うが（宮林説）家康も利休の教え
　にならい、この理想を遺言として後世に残し日光東照宮
　に鎮座した。正に今の世界は戦国時代の戦場であり、
　人類社会は破局的危機に直面している。現下のこの様な
　多難な時代に当り、世界憲法は利休と家康の理想を具体
　化し、世界に真の平和を実現させようとするものである。
　尚　この大義は世界に向けてのわが国の国是であり世界
　の平和の規範である。

④世界憲法は「資本主義社会×共産主義社会」という対立
　の構図ではなく、人類社会の理想のあり方である「人間
　主義社会」を実現させようとするものである。

⑤フランスの経済学者ピケティー博士は「資本の収益率は
　所得・経済成長の伸びより高いので資本家は益々富んで
　いき　格差が拡大していく。」と説いているがこの原点
　の課題を解決しない限り、現社会を変革させることは難
　しい。しかし世界連邦によって「資本主義社会から人間
　主義社会への大転換」を達成させることが出来るなら、
　こうした格差問題は解消する。即ち資本の「過大な収益
　率」を税制等によって制御することが可能になればこう
　した問題は解決する。

⑥新しい経済理念を導入して「弱者支援の法律」を整備す
　る。即ち松下幸之助は「無税国家」を唱えて金利のもつ
　力を社会に還元しようとした。（現下のマイナス金利は

このセオリーに逆行している。わが国がこの制度を続ける限り日本経済は益々悪化する。）又　ノーベル財団はノーベル賞という社会活性策の仕組みを作り、金利の力を利用して「善の循環」を確立しようとした。この様な考え方を導入してBI（ベーシックインカム）の理念を取り入れ、「年金上乗せ保険」や「教育資金給付制度」に適用させることが出来れば社会に「安定需要が生れる」ので福祉対策・物価対策等に生かすことが可能になる。当然のことながらこの政策を導入しようとすると財源問題が出てくるが、人工知能を導入した「社会システムの構造改革」を採用すれば「社会に潜むロス」がなくなり資本主義や共産主義の欠点を是正した真の人間主義社会を構築することが出来る。

又　もしもこうした夢のシステムが実現するならば、「世界の貧困問題」は近い将来解消すると思われる。私は「宇宙双六式のコンピューター予測システム」を実用化してビッグデーターを活用することが出来るなら、これに「人工知能ソフト」を搭載することにより未来予測に基く画期的な経済政策を実現させることが出来るものと期待している。この様にIoT（Internet of Things）を活用することにより第4次産業革命（①蒸気機関②電気③コンピューター④IoT革命）が達成出来る様になれば、人類の理想は形になるかも知れない。（例「自動操縦運転車」や「健康増進住宅」という120才位まで健康で長生きすることの出来る「超健康住宅」の実現）しかし一方ではIoT革命（ビッグデーターをインターネットで結ぶシステム）の負の側面が表面化して人類社会はとんでもない方向にミスリードされるかも知れない。

第5節　世界憲法の使命

前節に基き　世界憲法は下記のプロジェクトを達成し「持続可能な社会」を作ることをその使命とする。

①各国の「軍事力解体」を断行して「核兵器廃絶」と「戦争放棄」を実現し、真の世界平和を到来させる。

②人類社会は様々な面で大転換期に遭遇しているが、国際社会の「世界維新」を断行し　新時代の人道主義に基く「人間主義社会」を切り開く。(資本主義社会と共産主義社会からの脱却)

③人類社会の懸案問題を解決し「人類滅亡の悲劇」を回避しようとするのが世界憲法の使命である。又　その政府機能を担う国際機関が世界連邦である。

④現下の世界情勢下では、早晩人類は滅亡せざるを得ない。世界憲法はこうした「人類の危機」を阻止することをその理想とする。

⑤世界経済のグローバル化とIT技術の高度化により、現下の資本主義社会はかつてない危機にぶつかっている。そして人間の心にひそむ「我欲」や「悪魔の誘惑」が頭をもたげ、世界の各国で「金融危機」や「テロ事件」や「詐欺事件」等が続発し　社会に不安や不満が渦巻いている。この様な現状を打破しなければ、地球社会は更なる恐怖のルツボと化し修復不能に陥る。こうした社会を建て直す為には、一刻も早く世界憲法を制定し世界連邦を創設して「平和のしくみ」を創ることである。──世界の恒久平和への道はこれしかない。

撮影　宮城谷久男（ミヤカメラ）

昭和57年（現在の平成29年から数えて35年前）のわが家のお正月
ホワイトキャビン（わが家の名称）の玄関ポーチにて

※1982年のわが家の家族（年賀状より転写）
幸雄（41才）　昭子（32才）
宏美（長女・5才）　健一郎（長男・4才）　佳代子（次女・2才）　陽子（3女・−1才）
しづゑ（母・69才）　ホワイトキャビン（築後2年　木造半地下式　2×4工法
延240.39㎡）

1.　世界憲法本則（17条）

第1条　　世界憲法の目的と和の尊重

この憲法は世界法の普遍的な真理と正義に基づいて制定されたもので、人類社会の理想を求めようとしたものである。その祈願に基き、世界の国々の国家権力者や政治的指導者を監視し、軍隊と武器を不要にして真の世界平和を実現させようとしたものである。更には　平和の仕組みとその方法論の具象化を求めようとしたものである。又　一方では地球市民の義務を定めたもので、加盟国や世界公務員や地球市民は等しくこの憲法を夫々の立場で遵守しなければならない。かかる目的の下に全ての地球市民は和を貴しとしわがままや憎悪を排除し、対話と協調に努めて偏見や独善的な主張による争いごとや不当行為をなくさなければならない。ともすれば各国は自国の国益を守ろうとして　自国第一主義に走りがちであるが、これでは人類益を守ることは出来ない。

第2条　　世界憲法の絶対制と五権分立の遵守

世界憲法は人類社会における最高位の法であり、神聖にして犯すことは出来ない。又　如何なる政治権力者も、この憲法の絶対制を否定することは出来ないし、全ての人々が人種や性別や病気（身体的障害者を含む）や職業や信条によって差別や偏見やいじめや迫害を受けることがない様に、加盟各国は地球市民を保護しなければならない。一方　本憲法は下記の世界権力が夫々独立して分立（五権分立）し、他の権力者等から圧力を掛けられないことを保障する。

世界連邦政府（行政府の長—世界連邦大統領）
世界連邦会議（評定府の長—世界連邦会議議長）

　　　世界最高裁判所（司法府の長―世界最高裁判所長官）
　　　国際立法院（立法府の長―国際立法院長官）
　　　国際調査院（監査府の長―国際調査院長官）
これら五権の長は世界議員と共に不逮捕特権が授けられて
いる。但し　世界憲法に違反した場合には五府の長は世界
連邦会議の弾劾裁判委員会で弾劾裁判に掛けることが出来
る。弾劾裁判によって有罪の審判が下りた場合には不逮捕
特権は剥奪され、その職務から罷免させられる。又　世界
　　はくだつ
議員は議員の資格を失うことになる。

第3条　　　各国の主権の保護と自由の制限

　　各国の主権は保護されるが、如何なる国もその上位の国際
　　機関である世界連邦の絶対権を超えることは出来ない。
　　又　人類益を守る為に世界連邦政府は地球市民の自由を制
　　限することが出来る。

第4条　　　信教及び報道と表現の自由の保障と宗教的抗争の禁止

　　世界の各国は地球市民の信教や報道や表現の自由を犯して
　　はならない。その上宗教の力を借りた独善的な政治活動や
　　暴力による宗教的抗争は許されない。そして如何なる宗教
　　も非対立・非暴力の精神を原則にすると共に　各宗派は自
　　宗の教義を他の人々に強要してはならないし、宗教の自由
　　を隠れ蓑にして洗脳等により人のココロを操作してはなら
　　ない。又　世界議員や世界公務員や地球市民は偏った宗教
　　にとらわれることなく宗派を超えた思想によって宗教的争
　　いをすることを禁止する。

第5条　　　言論と思想と学問の自由と教育を受ける権利の保障

　　言論と思想と学問の自由と教育を受ける権利はこれを保障
　　する。又　世界連邦政府は世界の子供たちが世界平和の教

育を受けられる様にする為に、貧富の差や性別の差のない
公平な教育制度を創って　世界の若者の夢と理想を育てる
仕組みを創る。そして平和教育によって民主主義の奥義（おうぎ）を
極め、人間主義社会の安定基盤を構築しなければならない。

第6条　　失業と貧困とテロの撲滅
　　　　世界連邦の加盟各国は自国内の雇用の維持に努め　失業と
　　　　貧困の撲滅に取り組まなければならない。そして反社会的
　　　　な無法集団（テロ）を根絶しなければならない。又　如何
　　　　なる理由があれ人道的見地から卑劣なテロは容認されない
　　　　し　一切のテロ行為は宗教活動とは見なさない。

第7条　　財産権の保障とその制限
　　　　個人・法人及び国家の財産権はこれを保障する。但し　世
　　　　界の公益や人類益に反する場合にはその権利は制限される。
　　　　又　エゴ（我欲）を優先させた商行為や公共の福祉に反し
　　　　た財産権の主張は認められない。

第8条　　平和的生存権の保障と難民の保護
　　　　何人も平和で健康的で文化的な最低限の生活を営むことの
　　　　出来る平和的生存権を有する。かかる理念に基き　世界の
　　　　万民が安心して暮らせる様に、世界連邦政府は住環境の整
　　　　備と医療や介護の充実に努めると共に、内戦や失業や貧困
　　　　や食糧不足や水飢饉等によって生活能力を失った難民を保
　　　　護しなければならない。

第9条　　核兵器と戦争の放棄
　　　　世界平和の実現の為に人類は未来永劫に核兵器やミサイル
　　　　や化学兵器等を廃棄し戦争を放棄しなければならない。こ
　　　　の崇高な理想を実現させる為に、如何なる国も武器を蔵に

しまって軍隊を解体しなければならない。（徳川家康の元和偃武論にならう。）そして加盟国は警察権の行使以上の武器を保有してはならないし、集団的自衛権の行使は戦争の火種になるので禁止する。

第10条　　平和の担保と社会貢献事業及び環境産業の振興

前条の軍事力解体を達成する為に、世界の平和を担保しながら軍事力に頼らずに絶対権を維持することの出来る仕組みを作る。そして人間道の理念の下に国防という意識を払拭させると共に、莫大な世界の軍事費の財源を地球環境問題や貧困問題や難民問題の対策費に振り向ける。又　ロハスなライフスタイルの共生社会を実現させる為に環境産業を振興して経済と環境の両立を図り　欲のパワーを夢のエネルギーに転化させて理想の社会を築く。

第11条　　地球環境の保全と原子力発電所の建設及び利用の禁止

地球市民と企業は公益優先の原則に基き、人類社会の環境権を侵害してはならない。又　将来の環境保全と人類の健康を守る為に　有害化学物質等を排除すると共に、深刻な原発災害をもたらす原子力発電所の建設や利用を禁止する。本条に基き、原発の保有国は速やかにその廃炉に取り組み　原発ゼロ社会の実現に努めなければならない。

第12条　　国連の解散と世界連邦政府の創設

拒否権等の大国の論理や自国の国益優先のエゴを排除すると共に　実行力のある国際組織を新設する為に　現国連加盟国の同意を得た上で、国連を解散する。そして権限は大きいが組織は小さな世界連邦政府を創設し、その首長として世界連邦大統領を世界連邦会議の選挙によって選出する。世界連邦政府は各国の国家主権の上位の機関で、下記の諸

問題（※1）についての国際行政の決定権を有す。又　世界連邦の加盟国は世界連邦政府の勧告及び裁定を遵守しなければならない。

※1　国家間の紛争や国境や経済水域の争い・地球環境問題・通商貿易問題（輸出入の許可）・世界通貨の発行及び管理（世界銀行）・世界政府軍及び災害救助艦隊の指揮　等

第13条　　世界連邦会議の設置とその権限

各国政府と地球市民の声を集約して　各国選出の議員及びNGOの代表による選挙によって世界連邦会議を開設し、世界の平和を守る為に安全保障委員会を設置する。世界連邦会議は世界最高の議決機関で、世界政治の要の場としての権限を有す。尚　世界連邦会議議長は世界連邦会議の決議を受けて、世界連邦大統領に様々な勧告を行うと共に国際立法院に対し意見を述べたり新規立法についての提言をすることが出来る。

第14条　　国際立法院の設置

世界で唯一の国際法等を制定する立法府として国際立法院を設置し、国際立法院議員の世界議員によって構成される。そして世界を律する法律制定の任務に当る。本院は地球市民の民意を形にし　世界の民主化を実現させることをその使命とする。又　専制的な王国や独裁国家をなくすと共に、国毎では調整の出来ない領土問題や外交問題や地球環境問題等の政策案を立法化する。尚　本院は加盟国の国内法の制定に当り、適切な助言をすることが出来る。

第15条　　国際調査院の設置

国際調査院は国際調査院議員の世界議員によって構成され、

インターネットによる通報等を活用して世界に潜む巨悪や
核施設等の探査をする。又　必要のある場合には被疑国に
国際調査院の調査団を派遣することが出来る。被疑国は調
査団が求める資料等を速やかに提出すると共に、その立入
調査や査察を拒んではならない。

第16条　　世界最高裁判所の設置

世界連邦は司法府として世界最高裁判所を設置することが
出来る。この世界最高裁判所は世界に真実を公表する責務
を負い、人類社会の理想を世界に示す使命を有する。又
各国間で領土問題等が生じた場合には、その当事国は世界
最高裁判所に国際裁判を申請することが出来る。しかしこ
の裁判の出廷に応じなかった場合には裁判拒否罪が適用さ
れてその国は敗訴になる。

第17条　　経済のグローバル化の阻止と世界通貨・ピースの制定

貿易の自由化に歯止めを掛け　経済のグローバル化を阻止
する為に、世界連邦会議内に世界金融・貿易監視委員会を
設置する。そして開かれた社会を目指しながらも自国の利
益のみを優先した輸出を制限し、貿易相手国に貢献できる
場合のみ輸出を許可して貿易の適正化を図る。又　経済の
安定基盤を確立する為に通貨の新しい枠組みを創る。この
為　貿易の決済は世界通貨のピースのみによるものとし、
自国通貨による決裁を禁止して各国の貨幣の価値を守る。
ピースは世界銀行が発行及び管理をし、各国の求めに応じ
てピースの融資を行うと共に余剰ピースを預金として受け
入れることが出来る。更に市場原理で動く投資ファンド等
による投機的取引や買占めに対しての規制を強化する。そ
してバブル発生や金融危機やデフレを排除する為に、世界
金融・貿易監視委員会で各国の金融システムや投機マネー

や密輸（世界連邦の許可を受けていない商品の貿易を行なう違法行為）の監視を行う。

憲法十七条の全文（法隆寺　蔵）　　　　　604年（推古12年）　制定

聖徳太子（574〜622）は世の中の争いごとをなくす為に「非対立」の概念による「和の理念」を導入して「憲法17条」を制定した。そして「宗教の融和」を説いて宗教戦争の根絶を図ろうとした。ここに　わが国では神道と仏教という異種の宗教が同居することになる。

ええじゃないか騒動の図（1867　歌川芳幾　画）

豊橋市美術博物館　蔵

江戸時代末期の慶応3年（1867）7月14日の寅の刻（午前4時頃）、東海道・吉田宿（現　愛知県豊橋市）牟呂村大西で伊勢神宮の「お札降り」が見つかり「ええじゃないか」が起こった。そしてこの騒ぎが幕末期の閉塞感と一体化し、大民衆運動となって全国に飛火し、わが国の明治維新が実現した。本運動の首謀者としては下記が考えられる。（宮林説）
　　羽田野敬雄〈現　豊橋市の羽田八幡宮の元宮司で国学者・平田

篤胤（1776 ～ 1843）の筆頭門下生）

小野湖山（古田藩藩校・時習館の教授　羽田野敬雄の盟友）

　※1　宮林　要（現　豊橋市の岩田八幡宮の元宮司で羽田野
　　　　門下生）

　※2　松尾多勢子（岩倉具視蟄居中の女中兼女スパイ　現
　　　　飯田市の庄屋の妻で羽田野門下生）

※1　私は岩田八幡宮の北隣りに住んでいた中岩田総代の故・加藤
　　　剛男様より下記の話を聞いたことがある。（岩田八幡宮の宮
　　　林要宮司さんのことで、何か変わったことを聞いた記憶がな
　　　いかと質問した時の答え）
　　　　自分は子供の頃、おじいさんからこんな話を聞いたことがあ
　　　る。それは　父親から（加藤様のおじいさんの父親）聞いた
　　　話であるが、ある時昼間から雨戸を閉めたお宮の社務所に多
　　　くの人々が集っていた。
　　　　「今から何をするのか。」と思い　雨戸の隙間から中をのぞい
　　　ていると宮司さん（宮林要宮司）が近づいてきて「子供はの
　　　ぞき見をしてはいかん。」と叱られた。とにかくそんな会合
　　　を2～3度見たことがあるが「あれは一体何だったのだろう
　　　か。」と。

ここからは私の推理であるが、この会合は正に「ええじゃないか騒
動」に備えての作戦会議であり、小野湖山の指揮によって実働部隊
が伊勢神宮の「お礼降り」の札を作る作業をしていたのではないだ
ろうか。そして加藤さんの大おじいさんは子供の頃、雨戸の隙間か
らその歴史的現場を見てしまったのである。正にわが国の明治維新
が始まる「世紀の一瞬」を加藤さんの大おじいさんは見てしまった
のである。言ってみれば下記の場所は「ええじゃないか軍団」の活
動拠点であったと思われる。（この古びた社務所は豊岡中学校新築
工事の為に解体されてしまったが、私は　小学校の1～2年の頃こ

の鎮守の森で、チャンバラごっこやターザンごっこをして近所の友だち達と遊んでいたので　この木造平家建の社務所を今でも良く覚えている。）

羽田八幡宮	豊橋市花田町字斎藤54
岩田八幡宮	豊橋市中岩田1丁目5-2（現　豊岡中学校）
古橋家[※1]	豊田市稲武町大字稲橋字タヒラ8（財団法人　古橋会）

※1　幕府の追手を避ける為に　ここには「上げ畳」から入ることの出来る秘密の地下室が今もあるという。（この住宅は建替えられているので今の地下室は当時のものではない。）

宮林要（豊橋市東岩田1丁目6　敷地の大きな「要屋敷〈かなめやしき〉」に住んでいたという[※2]。）は明治維新後に大阪に転居し、新たに商社を起こして事業を成功させたという。尚　当地（豊橋市岩田町田尻）を離れる際に岩田八幡宮に手洗鉢を寄贈しているが、その置きみやげは今も琴平神社（豊橋市中岩田1丁目13-15）内に鎮座している岩田八幡宮前にひっそりと据えられている。この宮林宮司の屋敷は私の本家の東隣りにあった廃墟で敷地内にはうっそうとした竹やぶがあり、その広い竹林に入ると大きな蛇が出てくるので怖い思いをした。──小学校入学前の大昔の思い出である。

※2　西郷隆盛は愛知県豊田市稲武町の古橋家（古橋当主は羽田野門下生）を訪ねて羽田野敬雄や小野湖山と密会しているが、この時の案内人は松尾多勢子〈たせこ〉と思われる。（宮林説）西郷隆盛は古橋家での密談から「ええじゃないか騒動」を江戸城下で起す作戦を思いつき「江戸城無血開城」を成功させることが出来た。（宮林説）こうして時代の大きな扉が開〈あ〉き、わが国の明治維新（1868）が誕生した。そして今　わが国が「世

界憲法」と「世界連邦」を世界に提案することにより「世界維新」が起こらうとしている。わが国発の「世界のええじゃないか」の感動のドラマは間もなく開幕する。

豊岡中学校の木造校舎
（昭和25年完成）
この中学校の敷地は昔は田尻八幡社の境内であった。そしてお宮の社務所の中で藩校時習館教授の小野湖山がリーダーになって「ええじゃないか騒動」の作戦会議を開いていたと思われる（宮林説）。この騒動はやがて「明治維新」となって花開いたが、その証拠は今は何も残っていない。尚この新校舎は宮林工務店（代表者　故宮林夏次）が施工した。

2. 世界憲法細則 (91条)

〈総則〉

第18条　世界連邦の名称とその使命

この憲法によって設立される国際組織は連邦制による世界共同体で、その世界政府を世界連邦政府と呼称し、略称を世界連邦と呼ぶ。世界連邦は人類滅亡を阻止し、人類社会の平和と人権を守ることをその使命とする。一方　政治は地球市民の万民を守る為のツールであり、為政者がその権力で政治を私物化することは許されない。

第19条　世界連邦の設立

世界連邦への加盟希望国が50ヶ国以上に達した場合には、国連総会の決議に基き国連資産の無償譲渡を受けて世界連邦を設立することが出来る。そして加盟国の連帯と努力により、人類社会の危機を回避する為に世界憲法を制定し施行する。尚　世界連邦の本部はアメリカ合衆国のニューヨーク市に設置する。又　世界連邦は必要に応じて別添案（添付資料①　参照）の支部及び世界政府軍の平和基地を設置することが出来る。

第20条　世界連邦への加盟と脱退

世界の国々は世界法の理念に則り、世界連邦に加盟する義務と権利を有する。又　脱退する権利もあるが、その判断は夫々の国の国民投票によって決めなければならない。尚　国民投票の決議によらない場合にはその加盟と脱退は認められない。

第21条　　国民投票による国家の意志の選択
　　　国家の意志の選択は民主主義の原則に則り、国民投票に
　　よって決定される。国民投票は全有権者数（18才以上で
　　満90才未満の男女）の60％以上が投票を行い、全投票数
　　の過半数以上の賛成票を獲得した時に　その議案は国家の
　　意志として決議される。（投票率が60％未満であったり
　　その得票率が50％未満の場合にはその議案は廃案にな
　　る。）

第22条　　世界憲法の遵守義務と世界憲法違反国家の除名処分
　　　地球市民及び加盟各国の政治権力者は　共に本憲法を守る
　　義務を負う。この指針に基き世界連邦への加盟を希望する
　　国は　世界憲法を遵守することを誓約した批准書（同意
　　書）を世界連邦設立準備事務局に提出しなければならない。
　　又　本誓約を履行出来なかったり本憲法を遵守することが
　　出来なかった場合には、世界連邦会議内に設置された特別
　　委員会で審議をし、世界連邦大統領は該当する世界憲法違
　　反国家を除名処分にすることが出来る。

第23条　　自由の保障と我欲（がよく）の制限と世界公務員の使命
　　　如何なる加盟国も公益を損なわない限り自国民の自由を剥
　　奪してはならない。一方　個人及び企業はこの権利を乱用
　　して際限のない我欲（悪玉の欲望）を求めてはならない。
　　又　世界の公務に携わる世界公務員には社会の公益を守る
　　使命と身分が授けられていることを自覚して　公正・中立
　　な職務を全（まっと）うしなければならない。そして汚職や利権あさ
　　りやあっせん利得（役職を利用して賄賂（わいろ）を受ける行為）等
　　の不法行為をしてはならない。

35

第24条　　世界連邦政府と加盟各国の義務

　　　　世界連邦政府は地球市民の安全と自由を守る義務を負う。
　　　　この為　世界平和の実現に向けて戦争放棄と核廃絶と軍事
　　　　力の完全解体に努めると共に、地球規模の問題である環境
　　　　問題と格差是正に取り組み、幸せな社会を実現させなけれ
　　　　ばならない。又　加盟各国の政府は、教育と医療と介護と
　　　　就労して生計を立てることの出来る権利を保障して、地球
　　　　市民の基本的人権を守る為に　内政の充実化に努めなけれ
　　　　ばならない。

〈世界連邦の仕組み〉

第25条　　世界連邦の構成

　　　　世界連邦は世界の全国家が加盟した共同体であることを理
　　　　想とする。この理念の下に第18条の理想を達成する為に、
　　　　世界連邦は下記の諸機関で構成される。即ち　世界を一新
　　　　すべく国連（国際連合）の「ガラガラポン」を行って解体
　　　　し新しい世界政府を設立する。そして世界の平和を守る為
　　　　に下記のスキームを創る。（添付資料②　参照）
　　　　　世界連邦政府（行政府）
　　　　　世界連邦会議（評定府）
　　　　　国際立法院（立法府）
　　　　　国際調査院（監査府）
　　　　　世界最高裁判所（司法府）
　　　　　世界政府軍（世界で唯一の軍隊）
　　　　　保安庁（世界政府軍の運営と指揮）
　　　　　不服審査庁（五権に対する異議の申立ての受理機関）
　　　　　世界検察庁
　　　　　世界警察庁
　　　　　消費者保護庁

安全保障委員会（世界政府軍の指示及び監査をする機
関）

世界金融・貿易監視委員会（金融と貿易の許認可と監査
をする機関）

運輸安全委員会（航空・船舶・鉄道の安全を監視し　重
大事故の調査や業務指導をする機関）

世界連邦図書館（電子図書庫及び公文書保存館の併設）

世界文化人会議（文化人で構成された御意見番ネット
ワーク）

世界銀行（世界通貨・ピースの発行と世界標準金利の策
定）

プロジェクトファンド（市中銀行に設置された証券業務
部門）

会計検査府（世界連邦決算書の検査）

人事評価府（AIによる世界公務員の人事評価）

世界連邦大統領府（世界連邦の司令塔）

　　　大統領室　補佐官室　報道官室　閣議室　危機管理
　　　室　倫理委員会（各部の局長と有識者によって構成
　　　される。）

世界連邦局

　　　政策企画局　外交局　行政管理局（加盟国の管理及
　　　び行政指導）国境査定局　出入国管理局　核兵器査
　　　察局　安全管理局　（テロ及び危機管理）　財務局
　　　税務局　教育文化スポーツ局　国際交流局　保健衛
　　　生局　社会福祉局　環境保全局　世界遺産保護局
　　　天文気象局　宇宙探査局（ブラックホール研究室・
　　　宇宙生命体研究室・宇宙エレベーター研究室等）
　　　建設・住宅局　社寺・教会局　旅券管理局　食品安
　　　全局　統計記録局　経済産業局　通商・貿易局　プ
　　　ロジェクト証券局　運輸交通局　情報管理局　難民

貧困対策局　難病対策局　食糧・水・エネルギー対策局　防災・復興局　社会貢献事業局　法制局　戸籍局　人事局　世界連邦事務局　世界連邦事務局長室

但し　世界連邦大統領令や国家の決定が　世界憲法に違反していることが判明した場合には、国際検察庁の告発がなくても世界最高裁判所長官は該当する大統領令の破棄を宣言することが出来る。（司法のダブルチェック）

第26条　　加盟国の軍事力解体と軍事力解体宣言国の安全の担保

加盟国は世界の戦争放棄の為、自国の軍事力を解体しなければならない。その兵器の中、使用可能なもの（核兵器及び生物・化学兵器等の大量破壊兵器は除く。）は中古品として世界政府軍に売却し、世界連邦はその対価を世界通貨のピースで決済する。又　各国の既設軍隊の兵士は本人の希望により、世界政府軍に入隊することが出来る。尚　軍事力解体の宣言国は、世界政府軍による一定期間の常駐管理により国家の安全が担保される。

第27条　　徴兵制と傭兵制の禁止

前条の主旨に基き、加盟国の徴兵制と傭兵制を禁止する。但し　世界政府軍の傭兵制については例外扱いとする。

第28条　　世界憲法に違反した法令制定の禁止と司法権の独立（五権分立）

如何なる理由があろうとも本憲法に違反した法令を制定したり　判決を下すことは出来ない。その上　世界連邦大統領が勝手に憲法解釈の変更をすることも許されない。又　行政府・評定府・立法府・監査府・司法府の五権は夫々独立していて、何人もその判断に逆らうことは出来ない。一

方　五権の長は世界連邦会議内に設置された弾劾裁判の決
議によらない限り、その職から罷免させられることはない。

第29条　　世界経済サミットの開催

世界経済が悪化すると戦争や貿易摩擦等の問題が噴出し、
世界が混乱の渦に巻き込まれる。こうした経済・貿易問題
や地球環境問題の障害を打開する為に、世界連邦大統領が
指名した 10 ヶ国程度の世界各国高官（財務省・中央銀
行・世界銀行・経済産業省・外務省・環境省等）が一堂に
集まって国際会議を開催し、対話を通じて経済・貿易・環
境に関したルール等を協議する。そして国際社会の統一し
たメッセージを明確に発信する。

第30条　　世界連邦政府と世界連邦大統領（行政府）

世界連邦政府は世界政府としての機能と権力を有す。本政
府は世界連邦大統領によって統括され、大統領は5年毎に
行なわれる世界連邦会議の選挙によって選出される。但
し　世界連邦大統領の任期は2期10年を限度とする。
世界連邦大統領は加盟国の政治的指導者（大統領・首相・
国王・総理大臣・皇帝・国家主席等）と民主的な友好関係
を維持する努力をし、支配的関係で対応してはならない。
又　人類共存の原則に基き世界連邦政府（行政管理局）は
常軌を逸した巨額報酬等の是正指導をすることが出来る。

第31条　　世界連邦大統領の職務

世界連邦大統領は大統領の特別権限に基き下記の職務を担
う。但し権力乱用や独裁的行為は許されない。又　※印に
ついては世界連邦会議に設置された安全保障委員会の同意
を要す。
　1. 核兵器の廃棄や軍事力解体の大統領令の発令

2. 戦争と内戦とテロの停戦命令

3. 世界政府軍の出動命令（※）

4. 陸地・領海等の国境線及び排他的経済水域（EEZ）の確定令（※）

5. 貿易と金融の禁止措置令（※）

6. 通商・貿易摩擦の仲裁裁定令（※）

7. 地球環境保全の指導令

8. 格差是正の勧告令

9. その他世界憲法に違反している行為の是正命令

第32条　　世界連邦会議（評定府）と不服審査庁の設立

各国の立候補者の中から600名の世界連邦会議議員と国際立法院議員の300名及び国際調査院議員の300名を選出する。（議員総数1,200名）

世界連邦会議は世界最高の議決機関で、如何なる大国の政治権力者も本会議の決定には従わなければならない。但し　世界連邦の加盟国は世界連邦会議の決議事項に関して不服審査庁に異議の申立てをすることが出来る。本議会の通常会議はその年の9月から100日間の会期をもって開催される。但し　特別の議題が生じた場合には臨時会議を開くことが出来る。尚　同種の異議の申立てが5件以上に達したならば、不服審査庁は速やかにその審議を開始しなければならない。

第33条　　世界最高裁判所と世界地方裁判所の設置（司法府）

裁判の公正を保つ為に　五権分立の原則に基き司法権は政治的権力者から独立した権限を有す。世界憲法に違反した場合には、その国家の政治責任者は国際検察庁の告発により、世界最高裁判所の裁判を受けなければならない。又裁判を欠席した場合にはそれ自体で裁判拒否罪が適用され

敗訴になる。尚　加盟国間にまたがる国際裁判は世界地方
裁判所が担当し、加盟国内での民事紛争は加盟国内の裁判
所が担当する。

第34条　　国際検察庁

国際検察庁は国際調査院の調査報告書等に基いて捜査を行
い、世界の巨悪を提訴して被疑者を裁判に掛けなければな
らない。又　本庁は戦争等の国家犯罪や、非人道的な虐殺
に関わった者の捜査を行って　世界最高裁判所に告発しな
ければならない。本裁判に関し政治家や世界連邦高官が指
揮権を発動して裁判を妨害した者は世界連邦反逆罪で逮捕
される。

第35条　　安全保障委員会

世界連邦会議内に設置された特別委員会で、戦争やテロ等
の未然防止を図り世界の平和と社会の安定を保つ任務を担
う。この為世界連邦大統領より世界政府軍の出動許可を求
められた場合には、速やかに諾否の判断をしなければなら
ない。

第36条　　世界政府軍の創設とその任務

世界政府軍は核兵器廃棄や戦争放棄やテロの撲滅の為に設
けられた世界唯一の軍隊で、保安庁の保安官の指揮の下に
行動し世界平和の安全弁としての任務を担う。一方　その
構成は　本部1　支部3　平和基地9　とする。（添付資料
①　参照）

第37条　　世界政府軍による政治権力者又は政治的独裁者の逮捕

世界最高裁判所の逮捕状が発行された場合には、世界連邦
大統領は世界政府軍に出動命令を発令して　相手国の政治

権力者又は政治的独裁者を逮捕しなければならない。又
政治権力者が傭兵等により軍隊を動員して抵抗した場合に
は、世界政府軍は大統領令に基いて軍事力を行使し　その
抵抗軍を撃退することが出来る。尚　世界最高裁判所の逮
捕状が発行された場合には安全保障委員会の同意がなくて
も世界政府軍は行動を起こすことが出来る。
一方　世界最高裁判所と安全保障委員会が異なった判断を
した場合には　世界最高裁判所長官の判断が優先される。

第38条　　世界文化人会議

世界連邦政府の推薦を受け　世界連邦会議によって承認さ
れた世界の哲学者や芸術家や学者等の文化人による200名
の有識者会議で、世界政府にタイムリーな助言をすること
が出来る。本会議のメンバーは世界の御意見番としてツ
イッター等により自由闊達な意見を発表し、人類社会の未
来を語ることが出来る。尚　世界文化人会議の任期は3年
とし2期までの6年間を勤める事が出来る。

第39条　　世界金融・貿易監視委員会

世界経済がグローバル化し　格差や貧困が広がっている。
この様な経済面の不平等をなくす為に、金融と貿易の許可
制を実施して世界の金融と貿易に関しての監視システムを
構築する。又　世界銀行の融資が適正で公平に実施されて
いるかをチェックする為に、本委員会は世界銀行の融資内
容を審査する権限を持つ。但し　世界連邦政府は世界銀行
の中立性を損う様な過度の介入をしてはならない。

第40条　　世界銀行の設立と通貨の世界統合

世界経済の安定的秩序を確保する為に、世界銀行の機能を
強化して金融危機等の未然防止に努めなければならない。

　　尚　世界銀行は世界の公式通貨であるピースの流通によっ
　て通貨の世界統合を実現させると共に　貨幣価値の信用の
　維持に努めなければならない。

第41条　不服審査庁の任務

　　世界政府の行政改革を推進する為に、不服審査庁は世界に
　はびこっている地球市民の不満の声に耳を傾け　その是正
　に努めなければならない。

第42条　保安庁の任務

　　世界平和を維持する為に　世界政府軍を指揮する権限を有
　す。保安庁は世界連邦大統領の命令を受けたならば　速や
　かにその作戦計画を立案して軍事力を行使し、国際社会の
　秩序を保たなければならない。
　　尚　世界政府軍は保安官の命令には　絶対的に従わなけれ
　ばならない。

第43条　主要国平和サミットの開催

　　世界平和に関する難題を話し合う為に 1 年に 1 回　主要国
　（世界連邦大統領が指名した 10 ヶ国程度の国）の首長と世
　界連邦大統領及び世界連邦事務局長が同席して非核保有国
　で主要国サミットを開催する場を設ける。尚　本会議には
　核保有国にもオブザーバーとして参加を呼びかけ「核なき
　世界」の理想像を語り合うことが出来る。

〈世界平和と未来への希望〉

第44条　平和の覚悟と嘘の禁止

　　人類はお互いに助けあい　平和で自由な社会を構築し、世
　界の平和を守る義務を負う。そして公正な安心社会を実現

させなければならない。又　政権を担う政治権力者は国民に嘘をついたり詭弁を弄して逃げてはならない。

第45条　法の下の平等

前条の目標を達成する為に、世界連邦は平和と人権を尊重した政策の実施に努めなければならない。そして　世界連邦は法の下の平等を保障する為に　貿易及び商取引の明確なルールを策定しなければならない。

第46条　戦争と内戦とテロの禁止と世界政府軍による軍事力の行使

永久的な世界の平和と安定を維持する為に、加盟各国はお互いの努力で戦争の防止に努めなければならない。尚　世界連邦大統領は戦争や内戦やテロの勃発が懸念される場合には、世界連邦会議安全保障委員会の同意の下に　世界政府軍の派遣を命令することが出来る。

第47条　需要創出と雇用の確保

平和で自由で幸せな社会を建設して需要創出を図れば社会が活性化する。又　このことから負のエネルギーが消去されて未来への希望が湧いてくる。こうして雇用の確保された安心社会を実現させる為に、世界連邦政府は信長式楽市楽座にならって需要の拡大に努めなければならない。但し　過剰生産は経済の秩序を破壊するので自主規制に配慮しなければならない。

〈世界税の徴収〉

第48条　世界税の創設

世界連邦政府は持続的な運営をする為の財源を確保する為

に、下記の世界税を夫々の対象者から徴収することが出来
る。

  1. 国際連帯税（対象者　各国の地球市民）

  2. 国際商取引税（対象者　貿易等の商取引を行う世界
      企業）

  3. 環境保護税（対象者　加盟国の政府）

本法の定める所により、加盟国・世界企業及び地球市民
は　世界税及び国内税の納税の義務を負う。又　タックス
ヘイブン（租税回避地）等によって税を回避したり資産隠
し等をして　脱税をすることは許されない。

第49条　　国際連帯税の徴収

世界連邦は第48条の定めにより、加盟国の地球市民から
国際連帯税を徴収することが出来る。尚　その徴収法は事
務処理の合理化を図る為、加盟国のGDP（国民総生産）
に応じて徴収することが出来る。（本来の支払責任者は加
盟国の地球市民であるが、税の徴収義務者は加盟国の政府
とする。）又　その税率は国際法の世界連邦法施行令に
よって定める。一方　地球市民には納税の果実を享受する
権利があることを保障する。この目的を全うする為に、世
界連邦政府は納付された税を有効に使う様に努めなければ
ならない。

第50条　　国際商取引税の徴収

外国と一定額以上の貿易等の商取引をしている世界企業は、
その取引額に応じて国際商取引税を世界連邦税務局に納付
しなければならない。又　巨大IT企業は各国内での取引
額に応じて　特別商取引税を納付しなければならない。

第51条　環境保護税の徴収
　　　　加盟国は自国内のCO_2排出量に応じて、環境保護税を世界連邦税務局に納付しなければならない。

第52条　税の応能原則
　　　　地球市民は法の下に平等であり、何人も健康で文化的な生活と自由を享受することが保障されている。この理想に基き、世界連邦は世界の各国が社会保障を充実させる為の努力をしなければならない。即ち　人々が平和と幸福を望むなら、人類は共に生きられる相互扶助の社会を建設すべきである。
　　　　そして人間主義社会の原則に立って　弱者を支える仕組みを構築しなければならない。その為には税の応能原則（地球市民が最低限の生活を維持することが出来る様に、各人の経済的負担能力に応じて税負担をするという相互扶助制度）に基き勝った者だけが栄えるという社会ではなく、富という資産を平準化させる様な人間主義社会を実現させ弱肉強食の戦国社会に終止符を打たなければならない。世界は今厳しい競争社会に突入し　僅か5％の富を90％の貧民層でシェアーしている状況にあると言われているがこんな不公平な社会では、やがて経済の面から人類社会は崩壊してしまう。この様に富裕層が多額の富を手中にしたとしても、人類が滅びてしまったのでは富裕者であっても生き続けることは出来ない。その様子は大量の戦利品の財宝を積んだ海賊船が大嵐に遭って沈没してしまうのと同じ光景である。

第53条　弱者救済と格差是正の仕組みの構築
　　　　前条に基き加盟各国は生活保護法や累進課税の考え方を取り入れた税制改革を行って　法人税法や所得税法や固定資

産税法等の加盟各国の国内法を整備して弱者救済の仕組み
を作らなりればならない。そして人類社会が格差是正に努
めなければ、やがて人類は滅亡してしまうという認識を共
有しなければならない。

〈プロジェクト証券の運営〉

第54条　　プロジェクト証券事業の認定
　　　　　世界に横たわる困難な問題を解決したり　未来のインフラ
　　　　整備をする為に、世界に貢献することの出来る事業に対
　　　　し　世界連邦は特定プロジェクト証券認定事業の指定をす
　　　　ることが出来る。本指定によりプロジェクト証券事業者
　　　　（プロジェクト証券の発行を希望する加盟国又は各国の公
　　　　共団体）はプロジェクトファンドに業務を委託してプロ
　　　　ジェクト証券を発行し、税金や国債に頼らずに公益事業の
　　　　資金を調達し　未来への投資を行うことが出来る。尚　プ
　　　　ロジェクト証券認定事業者は5年に1度の国際調査院の監
　　　　査を受けなければならない。又　必要のある場合には国際
　　　　調査院は予告なしに認定事業者の査察を行うことが出来る。

第55条　　プロジェクト証券の発行目的
　　　　　経済の悪化を下支えする為に過剰資金を市場に供給して金
　　　　融緩和を行うと、世界経済に悪影響を及ぼすことになる。
　　　　こうしたバブル経済の発生を未然に防止する為に、社会の
　　　　求めている正常なニーズに応えた善意資金を調達して　世
　　　　界のインフラを整備しようとするのがプロジェクト証券の
　　　　発行目的である。

第56条　　プロジェクト証券の約定金利
　　　　　プロジェクト証券の認定事業者はプロジェクト証券の購入

者に対し、定められた期間（最長99年間）の約定金利を
毎年1月1日付で支払わなければならない。（約定金利の受
取利息は非課税扱いとする。）

第57条　プロジェクト証券の購入

プロジェクト証券の購入を希望する者は、プロジェクト
ファンドの代理店（市中銀行）に申込んでプロジェクト証
券を購入することが出来る。プロジェクト証券は社会貢献
を目指した資金調達の手法であるが、その本質は単なる寄
付金ではない。即ち　本資金は社会のお役に立つことを目
的にしたものであるが、そこには証券の出資額に応じた約
定金利の支払いを受けることが出来る。しかし一方では国
債の様に元金の償還を必要としていないので、本資金は国
家又は地方公共団体の負債勘定に該当するものではない。

第58条　プロジェクト証券の譲渡制限

プロジェクト証券の善意資金を世界の安定財源にする為に、
本証券の購入後10年間は第3者に譲渡することが出来ない。
（但し　相続の場合を除く。）尚プロジェクト証券の譲受者
（相続人又は発行から10年以降後の証券譲受者）はプロ
ジェクト証券変更申請書によりその権利を引き継ぎ、その
後の約定金利の支給を受けることが出来る。

第59条　プロジェクト証券の買取保証

本証券の10年超の証券の所有者が生活費を確保する為に
その買取りを請求した場合には、プロジェクトファンドは
その発行価格の90％掛で買取らなければならない。しか
し買取希望の総額が目標事業資金の1/3以上に達する恐れ
が生じた場合には、プロジェクトファンドはその買取り時
期の延期を求めるか　プロジェクト証券の積立金の範囲内

で世界連邦から融資を受けることが出来る。

第60条　　プロジェクト証券の寄付

プロジェクト証券は所定の手続きをしてその額面金額を世界連邦に寄付することが出来る。その際　高額寄付者には、世界連邦大統領から感謝状と社会貢献勲章（金・銀・銅で造られた勲章で複製や売買が禁じられている。）と記念品が授与される。又　プロジェクト証券の寄付金はその全額が非課税扱いとなる他、その5倍の金額（上限）を相続財産から控除することが出来る。

〈世界連邦会議〉

第61条　　世界議員選挙の区割りと定数

選挙区の区割りは原則として各国別とし、その定数は選挙前年前以上の確定国勢調査人口の結果に基いて按分される。但し　選挙前年の有権者人口が100万人以下（選挙人口10万人未満は切り捨てにする。）の国には議員の選出枠は無いが、選挙人口100万人未満の国どうしの国家間の合区の協議が成立すれば（合区の有権者人口が100万人以上になることを要す。）その合区の代表議員を選出することが出来る。尚　選挙の合否の判定は比例代表方式による。

第62条　　世界連邦会議の設置と解散

世界最高の議決機関として世界連邦会議を設置する。世界連邦会議の議員は選挙によって選出される。但し　世界連邦大統領が連邦会議の解散を宣言した場合には、その翌日から議会は閉鎖される。

議会が解散された場合には世界連邦会議の選挙管理委員会は100日以内に選挙を実施しなければならない。又　議会

は解散されても世界連邦大統領及び世界公務員は、後任者が決定するまでは夫々の職務を継続して行なわなければならない。尚　世界連邦会議は総議員の2/3以上の出席がなければ、会議を開くことが出来ない。又　サボタージュによる欠席議員は議長から戒告処分を受ける。

第63条　　大統領令の否認権と解散権の行使

世界連邦会議が必要と認めた場合には、大統領令を否認して世界連邦大統領に行政権の停止を求めることが出来る。この場合の大統領の選択肢は大統領令の撤回か世界連邦会議の解散権行使の二者択一になる。但し　大統領が正当な理由もなく解散権を乱用したならば、世界連邦会議は議会内に設けられた弾劾裁判委員会の決議（80％以上の賛同を要す。）により大統領は罷免させられる。大統領が失職した場合には100日以内に世界連邦大統領の選挙を実施しなければならない。

第64条　　世界連邦事務局

1. 世界連邦の事務局は事務局長、事務局次長及び必要とする職員で構成される。
2. 事務局長は世界連邦会議議長により任命され　世界議員の選挙の際には選挙管理委員長を兼務して　自由で公正な選挙を実施する。
3. 事務局は世界連邦会議の本部に置き　世界連邦会議の運営を補佐する。

第65条　　会計検査の厳格化

会計検査府の会計検査員は世界連邦の全ての歳入及び歳出にミスや無駄や不正がないかを厳格に検査しなければならない。又　検査の結果　疑義が生じた場合には調査報告書

を添付して　上位機関の国際調査院に報告しなければならない。

第66条　世界公務員の任務と不正防止

世界の公務に携わる世界公務員や世界議員は社会の公益を守る使命と身分と報酬が授けられていることを自覚して公正・中立な職務を全うしなければならない。又　世界公務員は地球市民の利益を損なう様な行為をしてはならない。一方　会計検査官又は世界公務員が不正を働いた場合には世界警察庁によって逮捕される。逮捕者は世界地方裁判所において刑が確定した場合には、警察学校に強制入学させられ世界公務員の研修を受けなければならない。尚　所定の研修を終了して試験に合格した者には再雇用の機会が与えられる。

第67条　世界憲法の平等性と継続性

地球社会の全ての人々は法の下に平等である。世界憲法はこの理念を尊重して許認可等の法的継続性を保障する。この考えの下に法の定める手続きによって決定された許認可事項等は、その後法律が変更されたとしても　その許認可事項の継続性は保証される。（但し時限立法の場合を除く。）

〈世界政府軍と世界最高裁判所〉

第68条　世界政府軍の軍事行動

世界政府軍は保安庁の保安官の下に統轄される。世界連邦会議によって承認された保安官は世界連邦大統領の命令の下にイージス艦等をえい航して軍事行動を起こすことが出来る。但し　核兵器や化学兵器等の大量破壊兵器を使用す

ることは出来ない。又　いかなる理由があろうとも、世界
政府軍の関係者は　政治の公平性と平等性を守る為に　政
治活動に関与することは出来ない。

第69条　　政治権力者及び世界公務員の心得

世界連邦や各国政府の政治権力者及び世界公務員は下記の
定めを守らなければならない。

1. 私利私欲の為に　権力を乱用して地球市民や企業に
   圧力を掛けてはならない。又　権力にあぐらをかい
   ている者は世界連邦会議の審議を経て　戒告や懲戒
   処分等の罰を受ける。
2.. 民主主義のルールを遵守して自由で公平な社会の実
   現に努め、独裁政治を排除しなければならない。
3. 戦争や争いのない平和な社会を実現させなければな
   らない。
4. 原発等の危険物を利用してはならない。
5. 環境保護に努め　水と空気と自然を大切にした社会
   を作らなければならない。
6. 弱い立場の者を救済し　幸せな社会を作らなければ
   ならない。
7.. 世界公務員は公務の規律を守って　組織に潜む無駄
   や不正やわがままを排除し、与えられた職務を全う
   しなければならない。

第70条　　政治権力者又は世界公務員の逮捕

世界最高裁判所によって有罪判決を受けた場合には政治権
力者（個人）又は世界公務員は世界警察庁（各国の警察庁
はその支部とする。）によって逮捕される。政治権力者又
は世界公務員はその罪状により下記例の刑事罰を受ける。
但し　原則として死刑及び終身刑は適用しない。又　下記

例に基きその罪状に応じた罰金を世界連邦税務局に納付しなければならない。

1. 懲役　　20年（20年間の社会貢献労務役）又は1億円以下の罰金
2. 懲役　　10年（10年間の社会貢献労務役）又は5,000万円以下の罰金
3. 禁固　　5年（5年間の教育研修）
4. 禁固　　1年（1年間の教育研修）
5. 重複刑　同じ刑を再び受けた場合の罰金は20％アップとする。

尚　詳細な税制等については世界連邦施行令で定める。

第71条　　世界連邦の制裁措置

世界連邦大統領は下記の5種の制裁を命令することが出来る。

1. 独裁者制裁　　独裁者個人の預金口座を封鎖して政治権力者の個人資産を凍結する。
2. 経済制裁　　貿易と金融の禁止措置を発動して制裁国の兵糧攻めを行う。経済制裁が行なわれた場合にはその国は世界の国々との貿易や世界銀行からの融資を受けることが出来なくなる。この為　経済制裁を受けた国は国内経済が疲弊する。又　貿易の禁止令を犯して交易をした相手国も貿易禁止令幇助罪（ほうじょざい）で処罰を受ける。その結果制裁国は輸出入が出来なくなるので世界憲法の違反国家は、世界から孤立する。
3. 軍事制裁　　世界政府軍によって政治権力者を逮

　　　　　　　　　　捕し、政権の解体を断行する。又
　　　　　　　　　　被疑国に民主的な選挙を行うことを
　　　　　　　　　　命令することが出来る。
　　4.　世界最高裁判所の特別制裁
　　　　　　　　　　極めて重大な罪を犯した場合には死
　　　　　　　　　　刑又は終身刑を執行することが出来
　　　　　　　　　　る。但し　上記の3又は本項の執行
　　　　　　　　　　をする場合には　世界連邦会議議員
　　　　　　　　　　の80％以上の同意を要す。

〈自由貿易の制限（貿易の許可制）〉

第72条　　貿易の許可制と関税自主権の保護（自由貿易の制限）
　　　　　世界経済は資本の原理で動いていて、資本家は悪玉の欲望
　　　　　に流されてより多くの富を求めようとしている。そしてこ
　　　　　の動きがグローバリズムの潮流に乗り、世界経済の基盤を
　　　　　不安定化させている。こうした社会の歪みによって世界に
　　　　　貧富の差が拡大しているが　こうした格差をなくす為に貿
　　　　　易の許可制を実施し、相手国が望まない場合には輸出を不
　　　　　許可にして該当国の地場産業を保護することが出来る。
　　　　　又　輸入国は相手国の商品に対して自由に関税を掛けて自
　　　　　国の産業を保護し　自国の雇用の場を守ることが出来る。
　　　　　（関税自主権の容認）本来資本主義は不安定なシステムで
　　　　　ありこれでは公正な社会を維持することが難しくなるが、
　　　　　この仕組みに潜んでいる欠陥を是正するのが世界連邦の使
　　　　　命である。

第73条　　世界貿易の決済とピースの流通保証
　　　　　基軸通貨の価値の変動を防止する為　世界貿易の決済は世
　　　　　界統一通貨のピースで行い、各国の独自通貨を貿易取引の

決済に使用することを禁止する。尚　ピースは加盟国以外
であっても自由に流通させることが出来る。又　国内取引
においては各国の独自通貨を流通させて　今までと同様に
自由な取引をすることが出来る。（1 国 2 通貨制の採用）

第74条　　貿易と金融の禁止措置

世界連邦の指示や勧告に背いた場合には、大統領令の発令
により該当国に対し　貿易や金融の不許可という経済制裁
を課すことが出来る。一旦　この制裁が発動されると、該
当国は輸出も輸入も出来なくなる。又　世界銀行からの新
規融資を受けることも出来なくなるので、該当国は財政的
基盤を失う。そして該当国が必要とする物資や資金は　自
力で調達しなければならなくなる。

〈核なき世界の実現と基本的人権の保護〉

第75条　　核兵器と化学兵器と原発の禁止

世界憲法第 9 条の戦争放棄の宣言に基き、核兵器やサリン
や VX 等の大量破壊兵器や生物・化学兵器を製造したり使
用することを禁止する。又　加盟各国は原発を利用するこ
とも禁じられ　原子力に依存しない社会を築かなければな
らない。この主旨に則り　大学や研究機関は　核兵器や化
学兵器や原発の製造に関する研究や実験を一切禁止する。
但し　現存する原発の維持管理及び廃炉に関する研究は例
外とする。

第76条　　銃規制の強化と武装自衛権の否認

地球市民は己の護衛の為の武器を保有してはならないし、
許可なく武器商人から銃や銃弾を購入してはならない。
又　武装することの出来る自衛権の主張は　公共の福祉と

社会の安全に反することから否認される。一方　武器製造業者及び販売業者は世界警察庁の許可を受けなければ営業をすることが出来ない。

第77条　　基本的人権の保護

世界連邦及びその加盟国は政治的権力や脅迫等によって下記の行為を行ってはならない。又　かかる事態の未然防止を図る為に、地球市民の基本的人権を保護しなければならない。

1. 他民族を虐殺したり、弱者を虐待して死亡させること。
2. 他人を教唆(きょうさ)してテロを強いたりテロ行為を行うこと。
3. 個人の自由を奪って誘拐したり拉致したり　迫害をして苦しめ、いじめやうらみによって肉体的・精神的苦痛を与えること。
4. ハイジャックやリンチや暴行等により　他人の生命を危険にさらすこと。
5. 身代金等を目的にして、身柄を拘束したり地球市民の自由を奪うこと。
6. 恐怖政治による公開処刑や拷問や過酷な尋問等によって不条理な責(せめ)を行うこと。
7. 世界法に反する行為を行ったり反社会的な不法行為を行って　基本的人権を侵害する行為をすること。

第78条　　非加盟国への軍事力解体の説得

世界秩序を著しく破壊する恐れがある場合には、非加盟国であっても世界連邦大統領は世界法の理念に基いて、世界政府軍を派遣して軍事力解体の説得に当ることが出来る。
尚　相手国が武力攻撃をした場合には、世界政府軍は世界連邦大統領の命令に基いて軍事力を行使することが出来る。

　但し　核兵器や化学兵器等の大量破壊兵器を使用すること
は出来ない。

第79条　　独裁国家に対する制裁措置

　世界連邦大統領は非民主的な独裁国家に対し、その政治体
制を含めて国家の構造改革を勧告することが出来る。しか
しその勧告を拒否した場合には　世界憲法第71条に基い
て、独裁者の預金封鎖や独裁国家の経済制裁を実施するこ
とが出来る。

〈為替取引と株式売買及び企業献金・団体献金の禁止〉

第80条　　為替取引の禁止

　お金をお金で売買する行為は、モノづくりにおける金銭価
値の基準を根底から崩す。又一方ではそこから不労所得が
生じて、富の分配上好ましくない事態が生じてくる。この
様に為替相場に左右されない経済システムを構築する為に、
一切の為替取引を禁止する。

第81条　　株取引等の制限と独占的商取引の禁止

　株価暴落によって突発的な金融危機に巻込まれることを防
止する為に、各国の中央銀行及び年金事業団等の公的機関
は、市場から株式（ビットコイン等の仮想通貨を含む。）
等の購入をしてはならない。（この様な行為を行った世界
公務員は世界憲法違反で逮捕される。）又　利殖のみを目
的にした短期の株取引には譲渡所得の90％の重税を課す。
但し　企業の育成に資する本来の投資の場合には（保有期
間5年以上の長期売買）譲渡所得の10％課税とする。又
巨大企業による買収行為はグローバリゼーションを加速さ
せ、各国の企業風土の崩壊をもたらすので禁止する。

第82条　　税源浸食や不正利益移転の禁止
　　　　　納税は健全な社会を維持する為の必要不可欠なシステムで
　　　　あり、この制度が破綻すると社会を維持することが出来な
　　　　くなる。世界連邦の金融監視システムを強化して、スイス
　　　　銀行ルートやパナマ文書ルートの様な税源浸食や不正利益
　　　　移転を禁止する。そして世界連邦は銀行や法律事務所等の
　　　　査察を厳格に行い、不正な資産隠しが起こらない様なグ
　　　　ローバルな仕組みを構築して脱税の防止に努めなければな
　　　　らない。もしも世界の脱税をなくすことが可能になれば、
　　　　その税収増で貧困問題や難民問題等を解消させることが出
　　　　来ることを念頭に置いて、税務局は厳格な徴税に努めなけ
　　　　ればならない。

第83条　　企業献金・団体献金及び議員献金の禁止
　　　　　世界政治の中立性と公平性を守る為に、世界連邦及び加盟
　　　　各国の政治に関わる個人及び政党は、企業献金又は団体献
　　　　金を受領してはならない。又　加盟国の政治権力者が企業
　　　　献金等を民主主義を維持する為の必要コストと考えている
　　　　なら、世界連邦大統領はその政治家の指導を個別にしなけ
　　　　ればならない。（民主主義のコストとは政党助成金と個人
　　　　からの寄付金によって賄うものであり、世界連邦議員及び
　　　　世界官僚は下心のある企業献金等の不浄資金を受領しては
　　　　ならない。）又　政治腐敗を防ぐ為　議員献金も禁止する。

〈世界銀行と各国中央銀行の任務〉

第84条　　各国中央銀行等による自国国債の購入の禁止
　　　　　世界銀行及び各国の中央銀行は世界の金融秩序を維持する
　　　　為に、その機能を強化して適切な管理をしなければならな
　　　　い。又　各国の公的機関は自国経済の偽装を防ぐ為に　自

国の国債の購入を禁止する。但し他国の国債購入は自由に
出来る。

第85条　　財政悪化国の救済措置

加盟国の財政赤字を改善する為に世界銀行等からの借り入
れをする場合には、加盟国の経理内容を正しく開示した会
計報告書と今後の返済計画書を提出して審査を受けなけれ
ばならない。尚　提出書類で不正経理が発覚した場合には
融資を受けることが出来なくなる。又　返済計画書は、国
家の構造改革を伴う厳格なものでなければならない。

〈宗教の規律の維持〉

第86条　　宗教の融和

宗教は人間の心の奥底に潜んでいる根源的な精神活動であ
る。人間の心には憎悪や対立や不満やわがままがからみ
あっていて　これらのファクターがもつれてくると宗教戦
争やテロや部族間の内戦といった抗争に発展する。こうし
た軋轢の火種を消す為に、世界連邦は宗派間の対立を防止
して宗教の融和に努めると共に、各宗派は独善的な教義を
排除しなければならない。

第87条　　政教分離と不当要求の禁止

政教分離の原則に則り宗教は政治に関与してはならないし、
政府に圧力を掛けてもならない。何人も己の欲求を満たす
為に不当な要求をしてはならないし、自己本位のわがまま
な主張も許されない。又　国家権力者の独善的な主張は社
会を分断させるので　慎まなければならない。

第88条　　地球市民の安全の確保

　　　　世界警察庁は暴力団等の反社会的勢力の摘発に努め、地球
　　　　社会の安寧な秩序を保たなければならない。そして暗殺・
　　　　誘拐・拉致・麻薬・ゆすり・たかり等の不法行為を撲滅し
　　　　て　地球市民の安全と自由を確保しなければならない。

第89条　　国益追及の自粛と人類益の優先

　　　　加盟各国は自国の過度な国益追求を自粛し　人類益の優先
　　　　に努めなければならない。

〈競争社会の是正〉

第90条　　競争の原理の抑制と悪玉の欲望の除去

　　　　競争の原理は毒にもなれば薬にもなる。即ち適正な競争で
　　　　あれば経済の効率化が進み産業界は活性化する。しかしそ
　　　　こに過当競争が起こるとお互いに傷ついてデフレが進み、
　　　　産業そのものが衰退する。特にTPP（環太平洋経済協定）
　　　　の様な国際協定が成立すると、力の強い国が勝ち、弱い国
　　　　は貧困スパイラルに巻き込まれてしまうので、この種の国
　　　　際協定を締結することは避けなければならない。又　人間
　　　　の心には常に悪玉の欲望が眠っていて　金銭欲やわがまま
　　　　な心が生まれやすいが、こうした難題を防止する為に地球
　　　　市民は不断の努力をして己の精神を鍛えていなければなら
　　　　ない。そして寛容と博愛と友愛の精神で、社会の秩序を維
　　　　持しなければならない。

第91条　　経済的不平等の排除

　　　　貧富の差が世界を不安定化させ、テロや暴動や内戦の温床
　　　　となって世界は制御不能になろうとしている。この様な経
　　　　済的不平等の拡大を阻止する為、各国は税制改革等に取り

組み、公正で平等な民主主義の社会基盤を構築しなければ
ならない。そして常軌を逸した高額給与や報酬に対しては
税制で抑制する。又　個人では管理しきれない土地・建物
の資産課税を強化する為に、税制の抜本的改革を断行する。
更に税制革命を行って資本の過大な利益率を是正する。そ
して国際社会が抱えている経済的不平等の解消に努め、社
会の不安定要因を本憲法で排除しなければならない。

第92条　　不公正取引の禁止
投資が投機に走るとバブルを生み、世界の経済活動が破壊
される。この為投機を目的にした株式や不動産の売買に重
課税をかけて加盟国の経済破綻を防止する。特に下記例の
取引は、投機を煽るので制限を強化する。
　1. 人工知能を駆使したハイテク取引によって株の売買
　　をすること。
　2. 銀行等が投機の恐れのある取引に加担して過剰資金
　　の融資をすること。
　3. 株の保有期間が5年以内の株式を売却すること。（短
　　期株取引の禁止）
　4. AI管理法に抵触する様な不正行為を行うこと。

第93条　　不当廉売及び差別取引の禁止
巨大メーカー及び大手問屋は資本力等の優位性をテコにし
て、中小企業の経営を圧迫する様な不当廉売や差別価格に
よる販売をしてはならない。又　フェアトレードの原則に
基き、生産者や下請業者に不当な圧力を掛けることや差別
取引を禁止する。又　本行為を行った者に対しては、世界
金融・貿易監視委員会が是正指導をしなければならない。

〈地球環境の保護と人間主義社会の構築〉

第94条　　領土及び国境線の査定と天領の制定
　　　　　領土及び国境線並びに経済水域の査定は、国境査定局が当
　　　　　たり世界連邦大統領が確定する。尚　人工島は造成国の領
　　　　　土としては認めず世界連邦の直轄地（天領）とする。又
　　　　　国境紛争が10年以上にわたって続いている場合には、そ
　　　　　の紛争地は喧嘩両成敗の原則に基づき世界連邦が天領と
　　　　　して没収する。そしてその土地は、世界の公有地として世界
　　　　　平和公園や先端技術研究所等の建設用地として活用する。
　　　　　尚　自国の領土でない土地を武力等で実行支配した土地は、
　　　　　紛争地に指定して世界政府軍の管理下に置く。

第95条　　セキュリティー対策の強化
　　　　　世界経済のグローバル化と共に、サイバー攻撃等によって
　　　　　国家や企業の機密情報が危機にさらされている。こうした
　　　　　分野のセキュリティー対策の為、世界連邦は高度なIT
　　　　　ネットワークを構築して（非パスワード式）安全対策を講
　　　　　じなければならない。又　IT技術を駆使して世界各国か
　　　　　ら発信される情報にITタグ（発信源特定ラベル）をつけ
　　　　　て情報発信先を探査するシステムを開発しセキュリティー
　　　　　対策の強化を図って振り込め詐欺等の取締りを強化する。

第96条　　大規模災害の救援活動
　　　　　天変地異により突発的な大規模災害が発生した場合には加
　　　　　盟国からの派遣要請により世界政府軍は速やかに救援活動
　　　　　に当らなければならない。この様な大規模災害時には、世
　　　　　界政府軍は災害救助艦隊を出動させることが出来る。災害
　　　　　救助艦隊は瓦礫収集運搬船・負傷者診療船・重傷者病院
　　　　　船・避難民及び救助隊員アパート船・ヘリコプター及びダ

ンプカー・重機等の運搬船及び食糧・水等の救援物資貨物
船等によって編成される。

第97条　地球環境の保護と地球温暖化防止の対策

加盟各国は地球環境の保護の為に、CO_2 削減率等の目標値
を設定して地球温暖化防止の対策を講じなければならない。
本条に基き加盟国は国内法を制定して下記の目標値を定め、
その実現化に努めなければならない。

    a.　各国の有害排気ガスの削減の為、上限台数以上のガ
ソリン車の販売及び利用を禁止し、電気自動車の製
造及び販売を推奨する。

    b.　大洋の海面水温の上昇に歯止めを掛ける為に、上限
棟数以上の鉄骨建造物の建築を禁止し（鉄骨建築物
は加盟国の主務大臣の許可制にする。）木造超高層
の建築を推奨する。こうして CO_2 排出抑制に努力す
ると共に、木造超高層の技術開発に特段の配慮をす
るものとする。

第98条　世界遺産の保護

加盟各国は自国内の文化遺産及び自然遺産並びに歴史遺産
を世界遺産として世界連邦の世界遺産保護局に登録し保護
しなければならない。又　加盟国は世界遺産を保護する為
にその保護措置を適切に行なわなければならない。

第99条　感染症や難病の撲滅と特定有害物質の課税強化

地球市民は等しく医療や介護の恩恵を受けることが出来る。
又　新型コロナウイルスやエボラ出血熱等の蔓延を防ぐ為、
加盟各国は医学と衛生学の研究に努め　その掃討対策を講
じて感染症や難病を撲滅しなければならない。尚　加盟国
はタバコ・シュガー等の特定有害物質の税率を高くして自

国民の健康維持に配慮しなければならない。特定有害物質の細目については世界連邦施行令で定める。

第100条　人間主義社会の構築

20世紀は戦争の世紀であり、21世紀は経済の世紀であった。そして両者の根幹を支えてきたのが軍事力と経済力であったが、今この2つのパワーが地球社会を破滅させようとしている。しかしこれから人間力をベースにした共生社会が登場するなら　やがて世界は人間主義社会という安全で安心な社会を建設することが出来る。世界連邦はこの目標の下に、平和な社会の建設に努めなければならない。

第101条　法令審査権

世界最高裁判所は各国の憲法や法律・命令・規則又は処分が、世界憲法に違反していないかどうかを最終的に審査する法令審査権を持つ。そして世界最高裁判所によって世界憲法に違反していると判断された場合には、世界連邦行政管理局は該当国に対してその内容を通知して是正策を指導しなければならない。

第102条　行財政改革の推進と財政健全化の義務

行政の簡素化を目指す為に、世界連邦の行政管理局は加盟国政府に下記についての指導を行って行政改革を推進しなければならない。

　　イ．廃県設州制等を導入して二重行政のロスをなくす。

　　ロ．公務員及び議会の議員数を削減し行政改革を推進する。

　　ハ．IT等で業務処理の効率化を図り行政コストの削減化を図る。

　又　世界連邦の加盟国は運命共同体であり、加盟国が財政

面で破綻することになれば、その影響は他の加盟国にも及
ぶ。この様な事態を阻止する為に、加盟各国は財政の規律
を守るべく最大限の努力をして財政健全化に努めなければ
ならない。

第103条　司法の独立と外交官の特権

五権分立の精神に基き、何人も「司法の独立」を侵害して
はならない。又　各国の外交官には外交特権が付与されて
いて、身体の不可侵と言論と報道と移動の自由が保障され
ている。但し　テロ対策等の為に　手荷物検査等の安全対
策の措置を省略することは出来ない。

〈補足〉

第104条　新国家の設立承認

世界連邦は民主的な国民投票によって設立された新国家の
独立を承認しなければならない。但し　近隣諸国からの同
意が得られない場合にはその判断を保留し、世界連邦はそ
の調停に努めなければならない。

第105条　世界憲法の批准書の通知

1. この憲法は各国の国民投票や法的手続きに従い批准
   されなければならない。
2. 批准書（同意書）は世界憲法制定委員会の事務局
   （世界憲法制定委員会は10ヶ国で構成される。）に寄
   託される。世界連邦政府は全ての加盟国にその批准
   書と誓約書の写しを送付して通知しなければならな
   い。
3. 前項の委員会は世界憲法が公布された30日後に閉鎖
   される。

第106条　世界憲法の発効とその有効期間
　　　　この憲法は50ヶ国以上の署名国が批准書を寄託した30日
　　　　後にその効力が発せられる。又　この憲法の及ぶ期間は無
　　　　期限とする。

第107条　世界憲法の公用語
　　　　この憲法は世界連邦の公用語である英語、フランス語、ド
　　　　イツ語、ロシア語、スペイン語、オランダ語、アラビア語、
　　　　中国語、韓国語、日本語の10ヶ国語で作成され（該当す
　　　　る公用語がない場合には英語とする。）全ての本文を等し
　　　　く正文として加盟各国に配布される。又　世界連邦からの
　　　　通知は、世界連邦加盟時に登録された世界連邦の公用語に
　　　　基いて伝達される。

第108条　世界憲法の改正
　　　　世界連邦加盟国の50ヶ国以上の賛同により、世界憲法改
　　　　正の議案を世界連邦会議に提議することが出来る。世界憲
　　　　法改正案は世界連邦会議で採決を行い　全加盟国の70％
　　　　以上の賛成票によって可決される。但し　投票率が60％
　　　　を切った場合にはその投票結果は無効とする。世界憲法改
　　　　正案が可決された場合には、世界連邦会議議長は速やかに
　　　　世界憲法改正の認証謄本を全加盟国に送付しなければなら
　　　　ない。本憲法の改正は本会議での可決日から30日後にそ
　　　　の効力を発する。

「平成のええじゃないか」の大群衆

幕末に沸き起った大民衆運動の「ええ
じゃないか」はわが国の「明治維新
(1868)」という新時代の扉を開けた。
そして「平成のええじゃないか」は
「世界維新（2026）」という平和の扉
を開こうとしているが　世界はこれか
ら大変革をする。

尚　四国の徳島では毎年のお盆に「阿
波おどり」で大変な賑わいを見せてい
るが　「世界のええじゃないか」はこ
の踊りを地球規模で広めて「未来の不
安」を払拭しようとするものである。

国会議事堂前を12万人の大群衆で埋
め尽した「安保法案反対デモ」
(H15・8・31　中日新聞朝刊より)

3. 世界憲法108条 草案の要約書

世界憲法108条草案の要約事項を下記に列記する。

a. 軍事力解体と戦争の放棄（世界平和の実現）

世界憲法は世界法に基く世界最高の平和憲法である。一方　戦争やテロを防止出来ない国連は解体し　新たに世界連邦を創設して世界憲法の理念を実践する。（世界連邦は各国の主権の上位に位置する国際機関で　大国や独裁国家の横暴を許さない絶対権を有す。）

①核兵器の廃棄と戦争放棄（核抑止論の否定）

②国連を解体して世界連邦を創設する

③軍事力の解体と世界政府軍の創設（新しい世界秩序の構築）

④世界連邦の絶対権でテロ国家と独裁国家の体制を転換させる

⑤世界の銃規制

b. 貿易の許可制と貧困の撲滅（格差是正）

⑥世界貿易の許可制（自由貿易の制限）

⑦自由経済の抑制（経済的不平等の阻止）

⑧関税自主権の容認（各国の地場産業の保護・育成）

⑨税制革命（税の応能原則に基き富裕層の課税を強化し　貧困層の課税をゆるくする。）

⑩競争社会の是正（地球社会のスローライフ化）

⑪加盟国の公的機関による株式と自国国債の売買禁止

⑫世界通貨・ピースによる世界経済の統合（貿易の決済は世界通貨のピースのみとする。）

⑬弱者救済の福祉政策の実施

⑭株式売買の制限（利殖を目的とした株売買の禁止）

⑮税回避措置（タックスヘイブン）の禁止（公平な税負担）

⑯無政府状態の脆 弱 国家の救済

b.　社会のしくみを変える。（「世界のええじゃないか運動」で「世界維新」の扉を開ける。）

⑰資本主義社会から人間主義社会への転換

⑱原子力発電所をゼロにし　エネルギー政策を再生可能エネルギーに転換する

⑲基本的人権と平和的生存権の保護

⑳地球環境の保全と気候変動の改善

㉑企業献金及び団体献金の禁止（金権政治の打破）

㉒プロジェクト証券による善意資金の導入（善の循環）

㉓各国の活力を引き出して疲弊した経済を建て直す

㉔議会の議員定数の削減と広域行政圏の導入

㉕CO_2ゼロで海面水温の上昇を抑え　巨大台風を撲滅する

第3章　建白書の国会送付

1.　プロローグ

　人類社会には　核戦争や、地球環境問題やテロや原発問題や世界恐慌等による破滅的脅威が近づいている。そして現下の軍拡競争がこれからも続くなら、各国で「経済の共倒れ」が生じる。又「財政の悪化」を防止する為の過度の金融緩和によってハイパーインフレが起こり　世界は断末魔の状況に陥る。この様に　人類の背負っている世界的課題を解決し「人類社会の危機」を回避して平和のしくみを作るのが「世界憲法」の使命であり、その具体策を運用する国際機関が「世界連邦」である。

　かかる目標の下に2020年（平成32年）には世界憲法を制定し、2025年（平成37年）までに世界連邦を創設することを提唱する。そして本提案が実現するなら、ガウディ没後100年の2026年（平成38年）には地球社会は「世界維新」を達成することが出来る。（バルセロナでは2026年の完成を目ざしたサグラダ・ファミリア聖堂の残工事が現在も急ピッチで進んでいる。）尚　戦争をなくすことの出来ない国連は解散し（今の国連の仕組みでは世界は一つになれない。）その人財や各国の軍隊や兵器を世界連邦に引継ぐものとする。もしもこの「世界維新」を実現させることが出来ないなら、この先世界はクシャクシャになり、あと500年で人類は滅亡する。
（宇宙双六説）

2016年11月1日

2. 憲政の神　尾崎咢堂（がくどう）像

撮影　2015・5・29

憲政記念館のエントランス

（〒100-0014　東京都千代田区永田町1丁目1番1号）

　記念館の番地は文字通りのわが国の政治の1丁目1番地である。又　この土地は江戸城を築城（1457？）した太田道灌（1432〜1486）や　熊本城を築いた加藤清正（1562〜1611）や　大老の井伊直弼（い なおすけ）（1815〜1860　第13代彦根藩主で井伊家第40代当主）が住んでいた屋敷跡でもある。

　※尾崎行雄（1858〜1954）は戦後に開かれた初めての国会で「世界連邦建設に関する決議案」を提出した。（昭和20年）そして咢堂言行録（P131）で「もしもこれが失敗に終るなら、人類は滅亡するものと見なければならない。」と述べているが、この予言の如く世界には「核戦争」や「世界恐慌」という暗雲が重く垂れ込めていて「人類滅亡の危機」が近づいている。又この中庭の小池に設置された記念碑には尾崎直筆のメッセージが下記の様に刻まれている。

人生の本舞台は　常に将来にあり

尾崎行雄がこの言葉に出会ったのは74才（昭和8年）の時であったという。尾崎はこの「未来への希望」という「天の啓示」を受けて　晩年の人生を「世界連邦」の実現の為に捧げた。尚　同じく世界連邦に取り組んでいた賀川豊彦（1888 ～ 1960）が1948年（昭和23年）に「世界憲法草案（シカゴ大学総長案）」を翻訳してわが国に紹介している。そして戦後の混乱期に「世界平和」を目ざしていた2人の巨匠が「世界連邦建設同盟」を昭和23年に立ち上げ、ここからわが国の世界連邦運動が始まった。

3.　「世界憲法（日本案）制定」についての建白書

衆議院議長　大島理森様
参議院議長　山崎正昭様

平成27年5月3日
宮林幸雄（74才）

わが国は先の太平洋戦争で　世界で初めて広島・長崎で悲惨な被爆を受けましたが、その後70年の歳月が経ちました。この様な核兵器は2度と使われてはなりませんが、国際社会は今もその脅威と隣り合わせにいます。そして世界の各地で武力紛争やテロが続発していますし、一方では放射能事故の危険性をはらんだ原子力発電所の稼働や地球環境問題等が人類社会の未来に暗い翳を落しています。こうした世界の難題を解決する為に「世界憲法（日本案）制定特別委員会」を国会内に開設し、憲政の神様と云われた尾崎咢堂翁の悲願であった「世界連邦の建設」への道を開いて下さることをお願い申し上げます。私はこの度　その叩き台として「世界憲法97条草案」を作製しましたので同封させていただきました。お目通しいただけましたら光栄です※。
そして国連総会で「世界憲法日本案」の国会決議を総理演説として公表し「核兵器と戦争の永久放棄」を世界に訴えることを嘱望致します。本年の年初にはイスラム国による残忍なテロ事件が勃発し邦人の尊い命が失われましたが、戦争やテロの恐怖が世界の切実な問題と化していることは痛恨の極みです。
この様な危機の時代を打開する為に、わが国が「世界憲法の制定」を提唱するなら「平和を愛する国・日本」として世界に貢献することが出来ます。そしてわが国の国会で世界憲法と世界連邦の議論をしていただけるなら、世界の世論が後押しをしてくれると思います。又「力の支配」ではなく「法の支配」で平和に向けてわが国が動けば「真の世界平和」が実現するものと思います。その様な願望の下

に、世界憲法を制定して「平和の仕組み」を作り「世界連邦を創設する。」ことを祈願致します。
　　——世界の未来の子供達の為に——

（※印　注）
改訂版では「世界憲法108条草案」としているが、この時点では「世界憲法97条草案」であった。

謹　　呈

世界連邦日本国会委員会に
御加入の国会議員様

　日頃は「世界平和と世界連邦の実現」を目指し、超党派の議員連盟である「世界連邦日本国会委員会」に加入して活動をされていることに心から敬意を表します。

　私は世界の恒久平和を実現する為には「世界憲法を制定し世界連邦を創設しなければならない」との信念の下に、この度「世界憲法97条草案」を作成致しました。そして国会内の世界連邦日本国会委員会に御加入されています97名の先生方に私の小冊子（A4判41ページ）をお送りさせていただきましたので、お目通しいただけましたら光栄に存じます。

　世界連邦の建設構想は「憲政の神様」と云われた尾崎咢堂翁が戦後の混乱期の昭和20年12月20日に帝国議会に上程したことに端を発し、昭和24年に平和運動家の賀川豊彦先生の肝入りで世界連邦日本国会委員会（現会長元衆議院議長・横路孝弘氏）が設立され今日を迎えています。一方「世界連邦建設に関する決議案」はGHQの介入で廃案になりましたが、その後「世界連邦建設同盟」が結成され（総裁・尾崎行雄氏、副総裁・賀川豊彦氏）今日の世界連邦運動協会（現会長元内閣総理大臣・海部俊樹氏）の運動へとつながっています。しかし残念なことに「世界連邦の実現」という夢は今も「道半ば」というのが現況です。

　御送付させていただきました冊子では、国会の両院議長様宛の建白書の如く「世界憲法（日本案）制定特別委員会」を国会内に開設して下さることを要望しましたので、どうか側面からの御支援をお願い申し上げます。わが国の国会では10年前の国会決議で「世界連邦実現」という文言を高らかに謳いましたが、今年は「戦後70年」という大きな節目の年（70年という年月は戦争の記憶をつな

ぐ限界の年）を迎えています。現下の世界には核の問題や戦争やテロの脅威が重くのしかかっています。この様な危機の時代に当り「世界憲法の制定と世界連邦の創設」は世界の急務の課題と存じます。かかる見地から国会の場で世界憲法と世界連邦の議論を深めて下さり、わが国の国会が世界の先陣を切って世界平和への発信をして下さることを懇願致します。軍事力で平和を手に入れることは出来ませんが、わが国発の「平和を目指した国際貢献」なら世界の世論が応援してくれると思います。

幕末の大きなうねりの中で、坂本龍馬（1835 ～ 1867）の「大政奉還建白書」（幕府への進言は土佐藩主山内容堂）と吉田松陰（1830 ～ 1859）の「国体革命建白書（間部老中暗殺計画案？）」は「明治維新」の原動力になりました。一方　尾崎行雄の「世界連邦建設決議案」は今尚実現していませんが「世界憲法建白書」が「尾崎決議案」とドッキングするなら、世界が変わり「世界維新」が起こるものと思います。末尾に当り世界平和と世界連邦運動について今後も特段の御配慮を賜ります様改めてお願い申し上げます。

2015年5月8日
宮林幸雄

4. 賀川豊彦（訳）の世界憲法草案の表紙

世界最初の「世界憲法草案」の本の表紙の写し（国立国会図書館蔵）

わが国で初めての世界憲法の本で昭和24年（1949）に毎日新聞社から発刊された。（賀川豊彦氏は昭和35年4月に死亡し、没後70年以上が経過している。）

※この本はボロボロになってしまった為、館内での貸出しは出来なくなっている。（この写しはその電子本を国会図書館の許可を得てコピーをさせていただいた。）尚この表紙の旗のセンターは＋（プラス）になっているが、今の「世界連邦の旗」は45°ずれて×（ペケ）になっている。（このペケは違和感があるので修正したいものである。その意味を込めて私は本冊の裏表紙に記した

「世界連邦の黄色い旗」を提案する。)

5. 世界平和へのアピール

　人類社会には核兵器や戦争の脅威が押し寄せていて、その前途には地球規模の困難な問題が山積している。特に「世界平和の問題」は人類の未来に深刻な課題を投げかけている。そして北朝鮮の「核・ミサイル問題」等を解決する為には、世界憲法を制定して世界連邦を創設することが必要である。こうした「人類の危機」を回避する為に「世界のええじゃないか運動」という民衆運動を起こして　この地球社会を変えなければならない。この大仕事は世界で唯一の被爆国であるわが国の使命である。改めて「命と平和の尊さ」を肝に銘じなければならない。

　一方　2017年のノーベル平和賞を受賞したNGO（非政府組織）のICAN（核兵器廃絶国際キャンペーン）グループのベクトリス事務局長は核兵器禁止条約の締結を目ざして積極的な発言をしているが、核保有国や米国の核の傘の下にいるわが国は、この条約に反対している。「核抑止力」が無駄で無益なことは、アインシュタインや湯川秀樹の両博士が早くから指摘している所であるが、核保有国やわが国はまだ目が覚めていない。「核廃絶」や「原発ゼロ」や「CO_2ゼロ」は人類の最重要課題であることを忘れてはならない。

平成30年1月15日

宮林幸雄

6.　世界維新の勅語（案）

　人類社会は太古の昔から　悲惨な戦争を繰り返してきた。
そして多くの尊い命を失ってきた。又　そこに使われた武器は兵器
産業の進歩と共に目ざましい進化を遂げ、今や核兵器という恐ろし
い大量破壊兵器の時代を迎えている。そして一方では資本主義社会
がグローバル化して格差が拡大し貧困が増大している。その上　地
球環境問題が深刻化し、この人類社会は有史以来最大の「危機の時
代」を迎えている。

　この様に今まで「宇宙のオアシス」であった地球は多難な時代を
迎えて、世界が「戦争」や「テロ」や「難民」等で混乱の渦に巻き
込まれている。しかも世界がこのままの状態を放置しているなら、
あと500年で「人類滅亡」の悲劇に遭遇する。この「人類の危機」
を阻止する為には、世界憲法に基いて世界連邦を適切に運営し、新
しい人類社会に「平和の種」を蒔かなければならない。

　そして「人類社会の黎明」をもたらす「世界維新」を断行し新し
い人類社会を建設しなければならない。人類は第1期の「原始社
会」の縄文時代では、お互いに助けあうという美しい相互扶助の社
会を経験した。そして第2期の「戦国社会」では弱肉強食のジャン
グル社会に直面し　世の中が大混乱に陥った。その後　第3期の
「高度経済社会」を迎えたが、この「文明」が多くの難題を噴出さ
せ　世界は大破壊の恐怖に直面している。

　こうして各国が自国の「国益優先」に走り世界が収束不能になろ
うとしている。この様な苦難の時代に当り「世界憲法」と「世界連
邦」で「世界維新」を断行し　第4期の人類社会である「平和な社
会」を構築しなければならない。「平和」こそは「幸せで楽しい社
会」の源泉であり、人類が一番必要としている理念である。この様
な意図の下に世界連邦が「命」と「人権」と「自然」と「健康」を
大切にした　幸せな社会を実現させることを祈願する。

2025年1月1日
世界連邦大統領　〇〇〇〇

第4章　脱原発

1. 「脱原発」を宣言します

この度の「3・11ショック」では、千年に一度しか起こらないとされているM9の巨大地震により東日本で甚大な被害が生じました。そしてその「天災」と連動して東電・福島原発では、大きな「人災」の原発事故が起こりました。この国難とも言うべき大災害の勃発から既に6ヶ月が経過しましたが、放射能問題の収束は今尚闇の中にあり、世代を超えた深刻な課題を投げかけています。かかる大惨事を省みて当社は下記の理由により「脱原発」を宣言します。

1.　原発事故は放射能被爆という大災害をもたらす。
　　一旦「原発事故」が起これば、長い年月にわたって広範囲のエリアに放射能が飛散し地球市民の命と健康が脅かされる。又農業や漁業や地域の中小企業が壊滅的な被害を受け、雇用は崩壊し地域経済が破壊されて、その損害額は想像を絶する金額になる。この様に原発事故は破局的な大災害や経済恐慌をもたらすが、人間は放射性廃棄物の処理能力を有していないのであり<u>人類は「原発依存社会」から1刻も早く脱却して原子力発電所の要らない「安全な社会」を築かなければならない。（安全なくして安心なし。）</u>

2.　原発放熱水が海面水温を上昇させ巨大台風や異常豪雨を引き起している。しかもその災害は年々大型化し地球規模で今後も増え続けていく。
　　今　世界には434基の原子力発電所があるとのことであるが（わが国の保有数は世界第3位の54基）この原子炉は24時間フル稼働で海水冷却をしていないとその安全を担保することが出

来ない。こうして膨大な量の汚染水がタンクにたまり続けているが、この放熱水によって世界の海面水温が年々上昇している。（原発放熱水の出口温度は周辺の海水温より7℃位高い。）もしも原子炉冷却水によって大洋の海面水温が毎年0.05℃上昇するならば、100年後にはこの地球は人の住めない星になってしまう。この様に原発は人類の未来を奪うものであり、原発の選択肢を残したままで「エネルギーの政策論争」をすることは無益であり無用である。そして原発という「海水の加熱装置」によって海面水温が上昇し、巨大台風や大竜巻やゲリラ豪雨の発生という「気候変動」を招いている。又　海流の流れに異変が生じて北極の棚氷の厚さは2mを切ってしまい、氷の割れ目から海面がのぞいているという。そしてこの影響でホッキョクグマはその生存の場を奪われようとしている。気象学者の説によれば、海面水温が27℃を超えると台風が発生しやすくなるというが、世界の気象がこのままの状況で推移するならば、海面水温は破滅的危機ラインの30℃を超えてしまい巨大台風が多発する。こうした異常気象により地球上の各地で「大干ばつ」や「記録的大水害」や「大規模な山崩れ」等が起こり、食糧問題や水問題や土砂災害問題等が頻発しているが、その過半の原因は原発冷却水による「海水面の温度上昇」と思われる。この様な地球環境の異変を防止し、自然災害を防ぐ為には世界の「脱原発」を一日も早く実現して原発冷却水による「海面水温の上昇」をくい止めることである。要するに巨大台風や異常豪雨を防ぐ為の最も有効な対策は「原発の廃炉」である。

3.　世界の民意が一つになればその目標は実現し世界は変わる。
　今までの世界は「大国の権力（軍事力・経済力）」や「政治家の権威」によって動いてきた。しかし「3・11ショック」や「アラブの春の反政府デモ」が起こり「新しい時代の風」が吹き始めている。又　インターネット等のネットワークにより

「世界の民意」が一つに集約されるなら、世界は大変身する時代を迎えている。この為　市民や企業や地域の首長や地方議会が各自の決意を表明すればその「夢」は社会を動かすエネルギーになる。こうした時代的好機を生かすことが出来るなら「脱原発」も「軍事力解体による戦争放棄」も「世界憲法の制定と世界連邦の創設」も一気に実現する。それは「人類の危機」を阻止する為の偉大な一歩であり「幸せな社会の実現」への確かな一歩である。

当社は以上の主旨に基いて「脱原発」を宣言します。又　建築分野での具体策として「建築構法の改善」を図り「脱原発」と「世界平和」への道標にしたいと考えています。この様な意図の下に節電効果の高いシステム（高断熱・高遮熱の「エアコン不要の家」を造り「節電」に努める。）を構築して「超省エネの健康増進住宅（マイナスイオン優位環境による「NK活性の家（※）」）を造ると共に「大地震や大津波等に負けない家」の建築（SE構法の木の家）にとり組み、「幸せに暮らせる住まい」を実現させたいと考えています。

　　※自然素材を多用した「空気のきれいな家」で細胞の新陳代謝を活性化させ「免疫力」を高める。そして熟睡が出来て笑顔で安心して暮らせる環境づくりをし、NK細胞の活躍しやすい家づくりをする。（住宅と食べ物とストレスは「がん」の三大発生源であり、この面での改善策を図るなら自然治癒力が向上して「がん」は激減する。）人の体では毎日5,000個以上の「出来そこないの細胞」が生まれていると言うが（森林浴をしている様な「空気のきれいな家」で生活していればこの不全細胞の発生数は少なくなる。）その異常細胞はやがて「がん」になる。一方　NK細胞はその「がん細胞」を瞬時に識別し死滅させることが出来る。反面　有害化学物質（化学物質建材・食品添加物等）や放射線や電磁波や抗がん剤等はNK細胞を傷つけ免疫力を低下させるので、こうした有害物質は生活の場から排除しなければならない。この様に「NK細胞の活動しやすい家」で

暮らしていれば自然治癒力が向上して「がん」を撲滅させることが出来る。そして健康で快適な「エコライフ」を楽しむことが出来る。尚　本件に関し「経済」を優先させるなら、人間の「健康」は損なわれる。例えば今話題のリニア新幹線が開通すれば「経済」は活性化するが、その強力な電磁波によってNK細胞等の免疫細胞が殲滅され「がん患者」が激増する。これからは「経済優先」ではなく「人間優先」の社会づくりをしなければならない。

　「脱原発」が国民運動になりその輪が世界に広がることを祈念致します。

平成 23 年（2011）9 月 11 日
㈱宮林工務店
宮林幸雄

2. 3・11ショックから1年

2012年3月11日

　未曾有の大震災と原発事故から1年が経った。しかしその復興事業はまだスタートラインに立ったばかりで、ガレキの撤去にしろ、除染の作業にしろ、放射性廃棄物や汚染水の処理にしろ、原発の廃炉にしろ、その前途には重い課題が山積している。そして多くの避難民はその生活基盤を奪われながら日々の苦難に耐えている。今回の大震災による「3・11ショック」について改めて論考してみたい。

①この度の大災害は天災と人災による複合的事故である。しかしこの復興事業がエネルギー政策や経済システムや産業構造の大転換をもたらし、これからの社会を一新させるものと思われる。即ち世界の経済は200年前の産業革命を追い風にして資本主義社会を進展させてきたが「経済のグローバル化」によって格差が拡大し、貧困が蔓延して失業や倒産等の社会不安が増大している。そしてこのトレンドは2008年の「リーマンショック」や2011年の「ユーロ危機」を呼んで世界経済は今後の5年間で大変革をする。（GDP世界第1位の米国と第2位の中国が今巨大財政赤字や巨額バブルで「経済危機」に瀕している。）又　現下の資本主義社会はメルトダウンを起こして制御不能に陥りそのシステムは崩壊しようとしている。（2040年頃には資本主義社会は消滅する？）

②この東日本大震災は「絆・愛・感謝・助け合い・社会貢献」という「共生」の哲学を生んだが、こうした「価値観と理念の大転換」は新しい経済社会の世界モデルにつながるものである。そして経済至上主義の下に「強欲」で動いてきた資本主義社会が消滅し、これから人間主義社会という新社会が誕生する。

③今は平安時代末期の「末法思想」と幕末期の「ええじゃないか騒動」が一緒になった様な不気味な閉塞感に陥っている。しかしそ

のカオスは「時代的大転換」を呼ぶ大きなエネルギーに転化するものである。そして前者からは「鎌倉幕府による武家社会」が誕生（1192）し、後者からは「明治維新（1868）」が生れた。こうしてわが国は「武力社会」と「経済力社会」による国づくりを推進して今の時代を切り開いてきた。

④これから「民意」が集約されれば大きなパワーを発揮する時代になる。その結果　独裁国家や軍事政権が崩壊し、民意が政治・経済を左右する時代になる。そしてそのフレームを支える「新しい枠組み」が世界に求められてくる。こうして今までは大国の国益の為の組織であった「国連」が消滅し「脱原発」が大きな民意を呼んで「世界連邦」が実現（2025年頃）する。

⑤以上の様な民意がインターネット等によって一つにまとまれば世界はガラッと変る。その受け皿になるのが「世界憲法」であり「世界連邦」である。この理想を実現する為にわが国は「世界憲法」と「世界連邦」の必要性を　国の内外に向けて発信しなければならない。

以上の考察に基き緊急の課題である「東日本大震災の復興計画案」について整理してみる。

a.　放射能警戒区域内の全ての土地を国が買い上げ、大規模な「廃棄物再生センター及び廃棄物最終処分場（地下棟）」や「再生エネルギーセンター」や「バイオマスアイランド」や工業団地を建設して地熱発電や風力発電・太陽光発電・太陽熱利用の研究をする。（ガレキ問題・放射性廃棄物問題・エネルギー問題の解決）

b.　海の景観を破壊する様な大防波堤の建設計画案は廃案にし、大規模な「人工地盤による町づくり」をして安全で快適な居住区を造る。天災の大津波を人工構築物で防ぐことは難事なので「津波と共存出来る町づくり」を考えて将来に備える。

c.　農業と漁業と林業の1次産業を守る為に新たな枠組みを作って

「雇用創出」と「食・住を守る」為の拠点づくりをする。(地産地消のブランドづくりをして1次産業の活性化に努める。)

d. わが国は世界第4位の森林大国である。(2009　世界森林白書) この強みを生かして「木造都市の建設」を推進し「林業再生」や「CO_2削減」に努める。そして「木材自給率60%」を達成して<u>「石油文明から森林文明への大転換」</u>を図り、その街区の美しさを世界にお見せする。尚　わが国には下記の如く世界随一の木造建築の歴史がある。この伝統技術を生かした家づくりをするなら、すばらしい木造建築都市が実現し世界を魅了させることが出来る。そして<u>「木造建築の人工美と森林の自然美」</u>に癒やされたいなら、日本を訪れてみようとする<u>「日本旅行のブーム」</u>がわき起こる。(木は自然と人間をつなぐ。そして「庭屋一如」の美学により、わが国は下記例の様に木造建築文化を進化させてきた。)

 イ. 5,000年前の三内丸山遺跡(青森県)には「遮熱技術」と「地中熱」を取り入れた竪穴住居の大集落があり、その幹線道路の巾員は12mもあったと言う。「徒歩通行」の時代にこれだけの道路を造ったことは「あっぱれ」である。恐らく食糧も豊富にあり、平和の時代が続いていたのでこの地域には多くの人々が住んでいたものと思われる。

 ロ. 出雲大社(島根県)では約2,000年前に建築された高さ48mの木造高層建築物の伝説がある。(このことを裏づける様な大きな柱脚の1部が昨年発見された。)

 ハ. 聖徳太子が建立した法隆寺(奈良県)は607年に完成しているので、1,400年前にはあの威風堂堂とした建物がそびえていたことになる。その後670年頃に火災で焼失し　708年頃には再建されているので、それから数えても1,300年余が経過していることになる。(<u>再建建物でも世界最古の木造建築物である。</u>)

ニ．わが国の皇室の伝統を支えてきた伊勢神宮（三重県）は、20年毎の社殿の建替えにより人工工事の伝統技術を1,300年以上にわたって伝承してきた。

ホ．平安時代（794〜1191）の末期に、神の島・宮島に太政大臣平清盛（1118〜1181）が建てた水上建築の厳島神社（広島県）は今もその美しさを海面に映している。清盛は弘法大師の夢のお告げを受けて、この地に「平家の守護神」としてこの神社を建築したが、皮肉にもそのすぐ近くの壇之浦で平家一族は滅亡することになった。

ヘ．池田輝政（1564〜1613）によって築かれた姫路城（1601着工　1609完成）は400年以上の時を経て、今もその優美な美しさと堅固な構造美を誇っている。

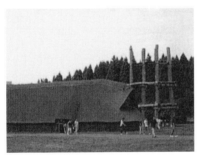

三内丸山遺跡の復元建物
私は重たい輻射熱測定器を持ち込んで復元建物の温熱調査をしたことがあるが、縄文人の慧眼には感服させられた。

〈追記〉近年木造建築の「住み心地の良さ」が再評価されているが、イギリスのロンドンでは「10階建て」の木造高層ビルが続々と建てられている（※）し、カナダでは「18階建て」の木造による学生寮の新築工事が現在工事中である。（木造建築であってもわが国では近々3時間耐火の耐火建築物が可能になるし、大断面集成材の合成梁を導入することによって15mもの大開口のスパンを飛ばすことが可能になる。）

　※英国の大学では「80階建て」の「木造超高層ビル」を研究中であるという。（こんな木造建築の進化は、私の建築

人生がスタートした50年前では考えられないことである。)

e. 電力会社から送電部門を切離して10社の送電会社を新設し、「超電導」（送電ロス「ゼロ」の超効率システム）による送電網を構築すると共に「周波数の東西統一」を断行する。本事業を国策として推進するならば景気は良くなるし、この事業が5年で完成すればその時点で全原発の廃炉工事に着手してもわが国は安定電源を確保することが出来る。この様に「超電導システム」が稼働する様になれば「脱原発」でも経済はまわる。

f. 福島市に「先端技術研究所」を設立して、廃炉の為の「ロボット技術」等を開発する。

g. 法律や予算のことは考えないでベストの復興計画案を策定し、明るい未来社会の原動力になる様な魅力的な事業計画案を立案する。

h. 政府の通貨発行権（政府の信認によるマネーで、世の中に役立つ事業を行う場合にはインフレは起こらない。）を行使して、日本の将来の為になる様な大型の公共投資を行う。

i. 福島市に地上311mの「スカイタワー」を建設して福島のシンボルスポットにする。又「世界平和公園」や「世界自然公園（絶滅危惧種等の保護育成）」等を造って国際平和都市・福島を「日本観光」の拠点の一つにする。（観光産業の育成）

j. 世界最初の原爆がわが国の広島に投下された。私は小学3年生の頃（？）に広島の惨状を記録したドキュメンタリー映画（モノクロ）を見たことがあるが、あの恐ろしい映像は今でも忘れることが出来ない。当時　広島の大地に再び草木が生えるには100年位はかかるであろうと言われていたが（中学校の先生の話）、あの戦後の混乱期の中で広島は僅か3年で復興計画案を策定したという。そのことを思えば、福島は必ずや復興出来ることと思う。

k. 新聞やTVでは脱原発×原発再稼働のバトルが繰り広げられて

いて、わが国のエネルギー政策が揺らいでいる。しかしこの原発事故を教訓にして「脱原発の旗」を立てるなら、わが国経済の大転換が起こって「世界連邦実現」への気運は一気に高まる。尚　現政権は「原発再稼働」だけでなく「原発輸出」も考えているがとんでもない暴挙である。わが国が海外で建設した原発が福島原発やチェルノブイリ原発の様な大事故を起こしたならば、国際社会に対しどう謝罪するのであろうか。（この失敗は謝罪で済む様な単純な話ではない。）

追・追記（2017・3・11）東日本大震災が起こってから6年も経ったというのに、大地震や原発事故による避難生活者は今も12.3万人を数えているという。しかも「原発汚染水」や原子炉の「廃炉」の問題は未解決でその対策案は五里霧中の闇の中にある。

第5章　講演会のメモ

1.　「世界憲法17条」の草案について

平成20年（2008）9月20日

於　蒲郡市民会館

宮林幸雄

皆さん今日は。私は豊橋で住宅の建築に携わっている宮林と申しますが、どうかよろしくお願い致します。私はこの様な場になれていませんので、手元のメモを頼りに「世界憲法」のお話をさせていただきます。

先月末は豊橋でどしゃ降りの集中豪雨がありました。この蒲郡の近くの岡崎市ではもっと凄く、なんと1時間に146ミリという猛烈な雨量を記録しました。これに自民党総裁選候補の麻生さんが反応して"このゲリラ豪雨が岡崎だったから良かったものの、もしもこれが名古屋で起こったら大変だったヨ"と公共事業優先論を展開。この失言を聞いた岡崎市民はプンプンで「何をヌカスカ。オヌシは徳川家康に斬られてしまえ！」と大ブーイングでした。（CBC放送での視聴者の生の声）

こうした異常気象の背景には「地球温暖化問題」がからんでいると言われていますが、今後はこうした気候変動により「自然災害の激増」や「大干ばつによる農作物の不作」や新型インフルエンザによる「感染症（伝染病）の大流行」等が日常化すると思われます。又一方では「国家間の対立」や「核開発競争」や「テロとの戦い」や「貧困の増大」等の国際問題の深刻化が、人類社会の未来に暗雲を投げかけています。そしてその帰結として現下の国際社会には次の

様な難問が生じています。

　①各国の軍事費が肥大化して、毎年世界で1兆ドル（約110兆
　　円）もの巨額な出費が強いられている。しかもミサイル等のハ
　　イテク化が兵器産業を巨大化させ、世界の多くの国々が「軍事
　　費による共倒れ」の危機に直面している。

　②地球環境問題を解消する為には、これから予測もつかない様な
　　莫大な出費が求められてくる。

　③上記の両者の負担増が各国の財政を弱体化させ、更なる経済格
　　差を生んで新たな社会悪が浮上してくる。

この様な「世界の危機」に当り、私の提案は「世界憲法」を制定し
て「世界連邦」を設立し「戦争放棄」と「地球環境問題」と「貧困
問題」の同時解決を達成しようとするものです。

即ち「軍事力解体」によって人類社会の理想である「世界平和」を
実現し、そこで浮いた110兆円を「地球環境問題」と「貧困の撲
滅」の対策費として投入すれば「温暖化問題」や「経済格差の問
題」が解決する。更に環境産業という新産業が活性化して「雇用創
出」や「景気の拡大」が図られ「一石四鳥」の社会的効果が得られ
る。（「平和の問題」と「地球環境問題」と「雇用創出」と「景気の
拡大」の4大プロジェクトは次世代の「人類の課題」です。）

本日　私は「宇宙双六300億年の旅」のポスターをこの会場にお持
ちしましたが、その№27のポイントに「世界憲法の制定と世界連
邦機構の設立（約30年後）」という駒を設けています。この宇宙双
六は今から15年前に制作したものですが、私が「世界憲法17条」
の構想を描いていたのは17年前のことでした。しかし次の疑問点
がネックになって「世界憲法のテーマ」は長いこと御蔵入りになっ
ていました。

　①スローガンや祈りだけでは「平和」は実現しない。

　②平和を維持する為に「軍備」は必要か。

　③「武装解除（軍事力解体）」は荒唐無稽という定説をどう崩す
　　か。

④「戦争や核兵器を根絶させることは不可能である。」という現
　実論にどう対処したら良いか。

しかし昨年の秋に長浜市で開催された「第10回びわ湖環境メッ
セ」でその転機が訪れました。それは「今までの巨額軍事費にこれ
からの地球環境対策のコストを上乗せさせるなら、世界は共倒れに
なり人類は生存不能になる。」という天の声でした。「国連改革」で
は拒否権という大きな壁を破ることは不可能ですが「法」と「心」
によって「新しい世界秩序」を構築するなら、「世界の恒久平和」
を実現させることが出来るという天からのメッセージでした。
今　世界には200近くの国々があるそうです。でもスペースシャト
ルから撮られた地球の写真はきれいな一つの球体で、そこには「国
境」という線はありません。わが国初のノーベル賞受賞者の湯川秀
樹博士がこの近くの竹島橋のたもとに記した石碑の如く　正に「世
界は一つ」なのです。その一つの天体の地球の上で、今まで数え切
れない程の戦争やむごい虐殺が繰り返されてきました。恐らくこん
な理不尽なことをしているのは、夜空に輝く満天の星の中でこの地
球だけでしょう。人間の「欲」と国家という「権力」によって対立
が起こり、心の絆が切れて長い間「争い」を続けてきました。そし
てその為に多くの尊い人命が犠牲になり、莫大な戦費と資源とエネ
ルギーが浪費されました。ごく一部の政治権力者が「誤った選択」
をした為に、そこから多くの不幸が生まれました。

次に具体的な世界憲法の条文について若干御紹介をさせていただき
ます。その第一は　お配りさせていただきました冊子の7ページの
第9条で、これは日本国憲法の第9条をそのまま横すべりさせた
「戦争放棄」の条項です。わが国はこの憲法第9条のお蔭で　終戦
以来60年余りにわたって平和な時代の恩恵を受けてきました。こ
の貴重な経験を生かし、わが国は「世界憲法」を国際社会に提案し
て「世界の恒久平和」を実現させるべきです。そうすれば「平和の
問題」と「地球環境問題」が一挙に解決することになります。とに

かく世界の人々の心が「戦争をやめよう」と思うことにより、世の中は変り時代が動きます。

その次に難しいテーマが第17条です。

リーマンショックを始めとしたアメリカの「金融不安」が「危機の連鎖」を引き起こしましたが、その根っこには「競争を善とする経済システム」と「際限のない金もうけ至上主義」というビジネスモデルの落し穴があります。そしてもしもこの対応を誤るなら、人類社会は再び「世界恐慌」という奈落の底に突落されることになります。

本来　経済は人間の創ったシステムなので、こうした自由放任主義やグローバリズムを「世界憲法」で取締り「自由」と「競争」に潜む欠陥（諸悪の根源）をなくして「経済格差」や「社会不安」を払拭させる必要があります。そして「公益優先」の旗印の下に「社会悪」を排除することが必要です。

尚　「世界憲法」を17条にした理由は、聖徳太子の「十七条憲法」にあやかろうとしたことと　「17」という数字の持つ魅力性に引かれた為でした。又　条文が多くなり過ぎては世界に通用しにくくなると思い、この面から17条への絞り込みをしてみました。

一方　本憲法は「法の精神」に則り、取締り的意味合いの条文も加えましたが基本的には「人類社会の理想」を求めようとし、やがてやってくるであろう「人類滅亡」の延命策に夢をつなげようとしてみました。そして「人間の幸せ」は夢を描くことにより実現するのではないかと思い、そのルートを「世界憲法」の中で模索してみました。

かつて赤穂藩の家老・大石内蔵助は「未来」を失った浪士たちに「討入り」という大きな目標を与えました。そして期限を定めてそのエネルギーに火を点け、「武士道まっしぐら」の1本道のレールを敷設しました。大石は元藩士の宮林忠七を東海道と姫街道の分かれ道の豊川市追分周辺で　百姓に変装させて見張り役とし、東海道往来者の情報収集に努めました。丁度、織田信長が2万の大軍の今

川義元をその1/5の4,000の兵で迎え討つに当り、街道筋の各スポットからの情報を寝そべって待ちながら桶狭間の通過ポイントの時刻を予想していた様に、大石は遊女を膝枕にして東海道の情報を分析し　吉良方の動きを探っていました。そして「目標」に向けて着々と準備を進め、無事浪士達と共にその本懐を遂げました。こうして忠臣蔵の「目標のもつ美談」は今も国民的人気を博しています。この様に「ワクワクする様な目標」は社会を変革させるものと思い、世界憲法のベースにそんなロマンを求めてみました。

世界の誰もが戦争を望んでいる訳ではありません。にも拘らず人間はなぜ悲惨な戦争を今まで繰返してきたのでしょうか。そこに見えてくるのは大国の論理であり、話し合いの場としての国連が機能していなかったということです。私はこの様な考えの下に「世界憲法17条」の草案を作成してみました。今こそ地球市民の「心の声」を集約して「世界憲法」を作り、戦争をなくすことが必要だと思ったからです。そして「世界連邦」のしくみを創って各国の主権優先を否定し、新しい地球社会を創ることが必要であると考えたからです。洋の東西を問わず、人類社会は武力という「力」によって世の中を律してきました。しかしこれからは「心」が武力を制する時代です。「法」と「心」の力で平和を実現し　「戦争」や「環境破壊」や「貧困」や「失業」のない「幸せな社会」を創りたいものです。最後に私のレジメの「扉」と「平成のええじゃないか」を読み上げて、私の発言要旨とさせていただきます。

> 地球環境問題の深刻化と共に、国際社会には今後、巨額な負担が強いられてくる。しかしこの「不都合な真実」は、決してアンラッキーではない。
> 人類はこの環境問題への財政支出増を抑える為に世界の「軍事力解体」を断行し「戦争放棄」を実現させるなら、現下の温暖化問題は却って「ラッキーな真実」となる。しかもこの地球社会をロハスな共生社会に大転換する為のグッドチャンスになる。

その意味では2008年（平成20年）は「環境元年」であり「世界平和元年」の輝かしい年である。

次に資料の24ページの中段を見ていただけないでしょうか。

世界は一つである。万国がその想いを集約化した「世界憲法」を定めて「世界連邦」を設立し、世界の各国が「軍事力解体」を宣言して「戦争と核の放棄」をする。
そして年間1兆ドル（約110兆円）もの巨額軍事費の支出をとりやめて、温暖化対策と貧困の撲滅の為に使用すれば「平和の問題」と「地球環境問題」と「経済の格差問題」が同時に解決して明るい未来がやってくる。

本日は賀川豊彦先生のゆかりの地であり、昭和43年に「世界連邦平和都市宣言」をしたこの蒲郡市で「世界憲法17条」の草案を発表させていただくことが出来ましたことを感謝しています。ありがとうございました。

※南海トラフ巨大地震の予測

2014「原発ゼロ」と「世界連邦」を実現させよう（P6）より

推定発生年（注※）	2025年（平成37年）±3年 2022年（平成34年）～2028年（平成40年）
地震の規模 （推定マグニチュード）	9.1（世界最大級の巨大地震）
揺れの強さ（推定震度）	7（激震）
余震の発生	大地震発生の49日後頃に「富士山大噴火」が起こり首都直下型地震を併発する
津波の発生	高さ20m超の大津波が発生する
併発事故	浜岡原発（中部電力）と伊方原発（四国電力）の原発事故（同時発生）

コメント	大地震・大津波・富士山大噴火・首都圏直下型地震に加え　浜岡・伊方の両原発事故が起こる。そしてわが国の経済が大混乱し、国富の5割以上が失なわれる。（GDP × 50% = 250兆円）
政府の地震調査委員会の予測	本巨大地震が30年以内に起る確率は70 ～ 80%と公表しているがこの数字は異例中の異例である

※この予測だとこれから10年以内にこの巨大地震が発生する。折しもこの時期は「東京オリンピック大不況」と重なり合うが、この史上最大級の「国難」をわが国はどう乗り切ることが出来るだろうか？

2.　世界連邦を実現して 世界を一つに

平成26年9月27日

於札幌市民ホール

宮林幸雄

北海道の皆さんこんにちは。只今御紹介を頂きました宮林幸雄です。愛知県に住んでおります。大変過分なる御紹介を頂いて恐縮に存じている次第です。本日はこの北海道の発祥の地ともいうべき札幌農学校のあった所からお話をさせて頂くことを大変光栄に思うと共に緊張しております。先程　札幌のランドマークである時計台の鐘の音を聞きましたが、その澄んだ美しい音色に感動しました。私は今「脱原発」のことをやっていますので、今日は原発のことからお話をさせていただこうと思います。この「脱原発の世論」が国民運動の様になりますと、次は「世界連邦の運動」に繋がっていくと思います。今年も福島の方が命を犠牲にされていますが、たかが電気の為に命を落すことは忍びないことです。

私はこういう場は不慣れですので、本日のために原稿を用意させていただきました。脱線してはいけないという思いでプログラムを書いてみた訳ですが、その資料を荻野代表にお送りしたのは一昨日の午後の事でした。念の為もう一度読み直してみようと思ったのですが、夜中になってしまっては失礼と思いそのままメールをさせていただきました。驚いた事に　今日その印刷物が資料として用意されていました。ありがとうございました。

最近のテレビで知りましたが、北海道では50年に一度という大水害が起きたそうです。北海道だけではなしに、広島でも大変な土砂災害が起こっています。或いは、私は知らなかったのですが、先程横路先生が「今日御嶽山で噴火が起こった。」とおっしゃっていました。この様に最近は大変な異常気象が続いています。火山は別に

しましても、私は異常気象については次のことに関連があると思っています。原発は24時間休むことなく放熱水を海に流しています。「放熱水」というのは核燃料が崩壊する時に崩壊熱を出している訳ですが、その熱が冷却水を温めて温水になっている水のことです。原発が止まっていても　核燃料が存在する限り崩壊熱が発生します。私はこの核燃料の崩壊熱が「異常気象の犯人」ではないかと思っています。そして3年程前に中部電力の浜岡原発（静岡県）の敷地内に侵入して　レーザー温度計を使って海岸線沿いでの放熱水の温度調査をしたことがあります。その後、私と同じ様にある名古屋の建築士が原発構内に忍び込んで警察に捕まったという記事が新聞に載っていました。私は幸運にも逮捕されなかったのですが、浜岡原発の構内には沢山の監視カメラが取りつけてあったので、私の顔は多分カメラに録画されていたと思います。私は泥棒に入る訳ではないので逮捕されることはないだろうと軽く考えていましたが、新聞で報道された建築士の方は「テロ特措法」で逮捕されました。逮捕ということになれば一級建築士の免許証も取上げられてしまいます。又　この度の建設業法の改正で、免許の更新の時の添付書類に「禁固刑以上の刑を受けていないことの証明書」というのが加わりましたが、逮捕されたのでは仕事の面で色々と支障が出てくると考えて　2011年5月14日の現地調査以降は「原発の放熱水調査」をする為の原発敷地内への立入りはやめることにしました。

しかしその後も私は原発放熱水のことを考え続けていました。今日本では1年間に6,500億トンの雨が降っているそうですが、この内　川に流れているのは4,000億トンで残りは山にたまっているそうです。問題は原発放熱水の影響で1,000億トンの海水が周辺より7℃位高く温められているということです。実に海に流れている4,000億トンの1/4が放熱水によって温まっているのです。こうした原発放熱水による「海水温の上昇」が、異常低気圧の発生原因になって台風が頻発し巨大化していることが考えられます。とにかく海面水温の上昇がバクダン低気圧を多発させていることは事実だと

思います。そこから集中豪雨や巨大台風や土砂災害等を発生させているのだと思います。

恐ろしいことに今、地球の海は世界の原発から出てくる原発放熱水で海面水温が上昇し続けていますが、この流れを止めるには一刻も早く世界に434基もあるという「全世界の原発の廃炉」を行うことが必要です。この近くの泊原発（とまりげんぱつ）からも24時間休むことなく原発放熱水が放出されて海水を温めていますが、この原発放熱水による海水温調査を最初にやられた方がこの近くに住む漁師の斉藤さんという方です。この方は「昔良く獲れたスケソウダラがとれなくなったのは原発のせいではないか？」と疑う様になったそうです。その後凄いことに毎日広告の裏紙に海水の温度を書き込み、実に35年間海面水温の記録を続けられたそうです。これは日本で初めての調査ですが（恐らく世界でも初めてだろうと思います。）泊原発の近くに岩内港という港があるのですが、そこで毎日海水温調査を続けてきたそうです。お正月もお盆も水を汲み上げては海水温を計るという気の遠くなる様な努力を続けられました。とにかく太平洋の海面水温が高くなってフィリピンでは秒速90mというスーパー台風が発生しておりますが、毎秒60mの台風でも走っている電車が吹っ飛んでしまうという威力を持っています。これが秒速90mとなると、建物が大変な被害を受けることは必定です。近年の例によれば「サンマが獲れなくなった。」とか「熱帯魚が東京湾で発見された。」とか伝えられていますが、魚は海水温が1℃違ったら大異変の行動を起こします。

それともう一つ。「今日は折角札幌に行くのだから、これだけは皆さんにお伝えしよう。」との思いで大間原発の情報を加えさせていただきました。大間原発は青森県で工事中の原発ですが、この原発が完成しますと　MOXというウランとプルトニウムを燃料にした世界一危険な原発になります。プルトニウムは100万分の1gを吸い込んだだけですぐ死ぬといわれている「人類史上最悪の毒物」で

すが、この原発がフクシマの様な事故を起こせば、北海道も東北地方も「死の大地」になってしまいます。その上この大間原発の建屋は450ガルというとんでもない「やわな建物」です。私は小さな工務店を営んでいますが、当社は「600ガルの大地震」に耐える家づくり（耐震構法　SE構法）をしています。しかるに木造建築の600ガルの住宅よりもぜい弱な原発の建屋が　全国には10基もあります。これではいつ第2のフクシマ原発事故が起こっても不思議ではありません。

先程、横路先生がおっしゃっていましたが、先の戦争では実に310万人もの多くの方々が犠牲になりました。しかし今　工事中の大間原発が事故を起こせば　北海道や東北地方では壊滅的な被害が生じ、多くの人々が命を落します。今回私は、函館市議会議長宛に「大間原発建設反対」の要望書を発送させていただきましたが、北海道の皆さんもどうか大間原発反対運動を応援して下さい。お願い致します。

私は以前に「宇宙双六300億年の旅」という推理作品を書きましたので、今日お持ちさせていただきました。宇宙が誕生して150億年が過ぎましたが、これから150億年経つとこの大宇宙は消滅してしまいます。「今は丁度宇宙時間軸の中点に位置している。」というストーリーです。そして一方では「今　平和の仕組みを作らなければ、人類は後500年で滅亡する。」という物語です。余談ですが、私は電通という大きな広告会社にこの宇宙双六の企画を持ち込み「これを教育用のおもちゃとしてソフト化出来ないか？」「もしも出来るとしたらいくら位で出来るか？」「又　引受けてくれる会社はあるか？」と聞いてみました所　後日　こんな回答が返ってきました。「現在世界では様々な難題が噴出しているが、こうしたファクターを数値化し、未来予測のソフトを作ることは大変に難しい。従ってこのゲームソフトの開発には3億円位が必要になると思われる。ゲームソフトの開発に1億円以上をかけたのではビジネスとし

ては成り立たないので、このゲームソフトの商品化は多分難しいと思う。」そうこうしている中に　宇宙開発事業団から連絡があり「宇宙双六は面白いのでこれから建設しようとしている国立宇宙科学博物館の展示品として検討している。国会で予算が通れば博物館の目玉にしたい。」ということで局長級の方が秘書（女性研究員）の方と共に豊橋に来てくれましたが　結局実現はしませんでした。

私は平和を維持していく為には「法の力」と「人間力」が必要だと思っています。そして世界憲法の「法の力」で戦争をなくそうと考えていますが、この「人間力」を支える基本要素は三つあると思っています。第一の要素は千利休の求めた「文化力」です。戦国乱世を止める為に、利休は切腹する直前に家康と二人きりで茶席を設けています。まだその茶席を共にした年月日と場所が分かっていませんので　これは私の推測ですが、利休は平和を願って徳川家康に頼みました。信長もダメ、秀吉もダメ、家康こそは本当の意味での平和を実現させることの出来る人物であると見込んでのことです。ですから「大坂夏の陣」が終わった時に家康がすぐにやったことは「元和偃武（げんなえんぶ）」で、これは世界で初めての「軍事力解体」です。元和偃武とはどういうことかというと元和元年に家康が「大砲は蔵にしまえ」と命じて強力破壊兵器の大筒（おおづつ）をなくし「武士道の美学」を打ち立てました。そして間もなく家康は息を引き取る訳ですが、武力衝突も起こさずに見事に軍事力解体を成し遂げました。秀吉も「刀狩り（一揆を防止する為に農民から武器を没収すること。）」をやっていますがその意味は異なります。秀吉は「刀狩り」をやらないと自分の政権が持たないと思って行ったことでこれは単なるエゴです。しかし家康は違います。本当の平和を実現させる為には「武力ではダメだ」と肝に銘じて利休から学んだ「文化力」で国内を統一しようとしました。

第二の要素は「外交力」です。やはり人間は心を開いて世界各国との交流を深めることだと思います。又　第三の要素は「教育力」だと思います。荻野さんが長年教育者として尽力をされましたが、教

育という力は平和を実現させる為には大きな力を発揮することと思います。この三つの要素がないと法の力だけでは世界平和の実現は無理だと思います。「法の力」と「人間力」が握手したらそこに真の世界平和が実現します。

とにかく世界には困難な問題が山積しています。これを手に負えないからという理由で放っておいていたら、台風も大型化しますし食糧難も深刻になってきます。この様にエボラ出血熱もそうですが、世界的規模で解決しなければならない難問が山積しています。ですからこうした問題を解決する為には「世界憲法を制定して世界連邦をつくるしかない！」と私は常々思っています。

この様に世界連邦をつくるには世界憲法は絶対に必要です。しかし世界憲法が出来ても法の力には限界があります。そこで人間力を活性化し新しい秩序を具備した世界連邦という組織を作り真の世界平和を実現させるべきだと思います。

わが国は明治維新という激動の時代を経験していますが、この時に西南雄藩の下級武士が立ち上って「明治維新」という「新しい時代の扉」を開けました。あの時、わが国を揺るがす様な大民衆運動が私の郷里・豊橋から起こって「ええじゃないか騒動」になりました。この様に明治維新は民衆の力が結実して大成した訳ですが、世界連邦にもそうした力が働いてくれればこれから世界に「平和」という大輪の花が咲くことと思います。

これから世界連邦・北海道の歴史は荻野代表を始めとした皆様の熱意で素晴らしい組織になっていくと思います。もう少し会員が増えれば更に大きな力を発揮することと思います。その第一の戦略は国会への働き掛けをすることです。それから「閣議決定」も必要でしょう。その為には安倍政権ではダメです。次の政権に期待して内閣が一新すれば出来ることと思います。今まで出来ないと思われていたことが、これから実現すると思います。

「宇宙双六」の中で八つの頭をもったヤマタノオロチが鬼と戦っている絵があります（絵は画家の友人の栃久保操君に描いていただき

ました。）がこの鬼は「人類の守護神」です。例えば「気候変動の問題」にしろ「戦争や核の問題」にしても、この世にあるどうしても解決しなければならない「八つの危機」を鬼が退治してくれます。即ち人類社会はやり様によってはこれから素晴しい時代になります。一方　このまま人類の危機を放置しているなら、この双六の様に500年後には　人類は滅亡してしまいます。その様なことは断じて許さないとの強い思いで双六を作ってみましたが、これから若い世代の人が頑張ってくれたら　きっと世界が動くことと思います。

現在でも世界の軍事費は186兆円に達していますが、その6割をアメリカが使っています。昔は戦争をやると戦利品というリターンがありました。負けた国から賠償金を徴収したり植民地を手に入れてきましたので戦争はそれなりにソロバンは成り立っていました。しかし今はそんなことは国際法上許されません。ですから戦争をやったって　儲かるのは軍需産業の巨大企業だけです。本当にこんなバカな事に巨費をつぎ込み、多くの命を失っているのです。それでオバマ大統領がプラハで「核の無い世界を！」と呼びかけましたが、残念なことに世界からは何の応援もありませんでした。

正にオバマ大統領こそは世界連邦の先頭に立ってこれから世界をリードしていくべき立場にある方ですが、ここに平和の問題の難しさがあります。私はこの問題に関しては駐日アメリカ大使館のケネディ大使に世界連邦の「平和の仕組み」を伝えることが出来ればその真意はオバマ大統領に伝わるものと思っています。そして戦争のない世界を創ろうというムーブメントが起これば、世界は様変りします。今はテロ組織が無気味な動き方をしていますが、基本的には「貧富の差」が大きな障害になっているのです。それさえ解決すれば何も命をかけてテロなどしないと思います。イスラム国の兵士に最低限生活出来るだけの保障をするなら、テロに走らないと思います。このことはイソップ物語と同じでテロを軍事力で押さえつけ様とするから抵抗をするのだと思います。一方　大砲でテロを攻撃し

ても、彼らは命を掛けて抵抗してきます。それが聖戦の本質だと思います。この様に「テロとの戦い」の前にやるべきことは「世界の貧困をなくすこと」だと思います。しかし私は軍事費の186兆円が民生に使われるなら、戦争やテロや貧困はなくなると思っています。とにかく世界連邦を目ざして日本が動けば世界の世論が応援してくれると思います。

もう一つ申し上げたいことは国連の問題です。現実には国連は難問を抱えながらも今まで頑張ってきた訳ですが、国連と世界連邦は第10章6の対比表の如く全く異なります。歴史的には1945年に約1年で国連憲章が成文化し、1946年から国連は活動を開始しています。このスピードにならい、日本でオリンピックが開催される2020年までに世界憲法を制定し、平和の仕組みを世界に示すことです。そして世界の恒久平和への「希望」を人々の心に熱く語ることです。その意味ではオリンピックは最高のハレの舞台になります。

今の国連の様に、各国の主権を容認していたのでは、世界を一つにすることは出来ません。又 五大国の拒否権も国連にとっては大きな障壁で、このままでは国連改革は100年議論をしていても出来ません。少なくとも既得権というものは、一度手に入れたら仲々手放しません。そこに政治の世界の難しさがあります。国連では集団的自衛権を容認していますが、これがある限り、世界の戦争はなくなりません。

所で 国連加盟国の多くは「国連改革」を唱えていますが、国連の認めた既得権は簡単にはなくせません。しかし「世界連邦」は各国の主権の上位に位置する「絶対権」を有しています。即ち「世界の公益優先」の原則に立ち、夫々の国の国益は制限を受け抑制されます。又 各国の独裁や我儘も許されません。こうしたことは世界憲法で「縛り」を入れていますし、国際世論の目も光っていますので、世界の大国といえども無視は出来ません。

今 世界では 核兵器や大量破壊兵器の為に莫大な税金を投入して

106

いますが、こういうコストにはそれに見合ったサービスもリターン
もありません。全くの無駄使いをしている訳ですが、こういう「お
金をドブに捨てる。」無駄な行為はやめるべきです。しかし世界連
邦が出来れば、そうした世界の無駄を解消させることが出来ます。
又　浜岡原発では1kwの電気も発電していないのに、3,800人（正
社員800人＋下請3,000人）の保安要員が働いているそうです。一
方　JRでは新幹線の安全管理要員を3,000人でまかなっているそう
です。JRがわが国の全新幹線の保安管理を3,000人でしているとい
うのに、浜岡原発では1ヶ所の原発のみで3,800人を必要としてい
るということは、原発は余りにも効率が悪いということです。にも
拘らず、富士山が大噴火しても南海トラフ巨大地震が勃発しても
「浜岡原発事故」を防ぐことは絶対に出来ません。
長々と世界連邦期待論を述べさせていただきました。私は「世界憲
法」が出来れば、「世界連邦」は8割方実現するものと思っていま
す。又　わが国の幕末に起こった「ええじゃないか」の様に国家レ
ベルの大民衆運動が起れば世界は大変身すると思っています。
ご静聴　ありがとうございました。

京工大紫叡寮の文集の冊子

（右）創立十周年記念特別号（第2
号）
　発行日　　　昭和38年2月1日
　ページ数　　B5版　166ページ
　編集　　　　宮林幸雄
　ガリ版切り　小原伸光・仁部
　　　　　　　寛・安岡禎保・村
　　　　　　　上訊一

（左）創刊号
　発行日　　　昭和37年2月3日
　ページ数　　B5版　132ページ
　編集　　　　宮林幸雄
　ガリ版切り　進藤正己・小原伸光　他

第6章　平和の各論

1.　5ヶ条の御誓文（宮林案）

世界連邦は人類社会の平和を守る為に下記条項を目標にして行動することを誓う。

第1条　　**不戦と平和の誓い**
　　　　　核兵器は非人道的兵器である。「核兵器廃絶」と「戦争放棄」と「軍事力解体」を断行して「戦争のない平和な社会」を実現させる。この為に　世界で唯一の軍隊である「世界政府軍」を編成して地球社会の安全弁にした国づくりをする。

第2条　　**「原発ゼロ」と「CO₂ゼロ」の誓い**
　　　　　世界の「脱原発」を推進して　使用済核燃料という危険物を地球上から排除する。又「CO₂ゼロ」によって「地球温暖化」を防止し自然災害をなくす。

第3条　　**地球環境浄化の誓い**
　　　　　「地球環境の保全」に努め気候変動問題の解決を図る。

第4条　　**弱者救済の誓い**
　　　　　人類平等の理念に立ち「格差是正」の安心社会をつくる。

第5条　　**政治腐敗の払拭の誓い**
　　　　　世界連邦の世界議員・世界官僚及び加盟国の公的従事者は誠実を旨とし、嘘をつかないことを誓約して職務に当る。又　企業献金・団体献金等の下心のある不浄資金等は一切受領しない。

2026年1月1日
世界連邦大統領
〇〇〇〇

2.　安保法案反対デモ

　本稿は平成27年6月24日（水）開催予定の小林節先生の
講演会終了後の質疑書の草稿です。しかし下記の理由によ
り会場に行くことが出来ず、この原稿は不用になってし
まったので本冊子に収録しました。

　私はホテルを予約して新幹線のひかり号に乗り込み、講演会場であ
る東京の憲政記念館の講堂に向かった。しかし当日の国会議事堂周
辺は、50年以上前の「安保反対デモ」を彷彿させる様な大群衆で
埋まっていた。（主催者の発表で約3万人の市民が集まっていた。）
そして警視庁による緊急道路封鎖が発動されて憲政会館への道は通
行止めになっていた。私は会場へのルートを探そうとして1時間余
をさまよったが残念なことに憲政記念館にたどりつくことは出来な
かった。近くの街路樹に取りつけられていたスピーカーからは、作
家の沢地久枝さん（84才）や民主党の長妻昭さんらの悲痛な叫び
声が流れていた。とにかくこの「安保法案反対」の大きな声を官邸
や議員会館内の国会議員さんはどういう思いで聞いていたのであろ
うか。今のわが国には現政権への政治不信や総理の憲法違反問題に
対する反発感が漂っていて、その様子は幕末の「ええじゃないか騒
動」と軌を一にするものがある。この日はこの様な封鎖にぶつかっ
てしまった為、憲法学の最高権威である小林先生の話を聞くことは
出来なかったが（小林先生は国会で「違憲判断」の発表をした3名
の参考人の中の1人）この大群衆のコールから暗いトンネルの中に
一条の光を見つけた思いがした。そして改めてその想いを口ずさん
でみた。
　「安保法案反対」
　「原発再稼働反対」

質　疑　書

慶応義塾大学名誉教授
小林節　様

平成27年6月24日
宮林幸雄（74才）
勤務先　㈱宮林工務店
（憲政記念館 講堂にて）

憲法は国家権力を縛るものであり、総理大臣の権力をもってしても「憲法違反」は許されるものではないと思います。ましてやこの度の安保法案の場合は、この議案が国会を通ってしまうと海外の戦闘地域で自衛隊員の命に関わる深刻な事態が起こることが考えられます。即ち現政権は憲法違反の法律を上程しましたが、このことは国家公務員を死に追いやる恐れがあります。私はこの様な法案が可決したなら、本法案の主導者である安倍総理は日本国憲法第81条の「法令審査権」に基づいて最高裁判所の特別審査会で「総理大臣の犯罪」として審議されるべきであると思いますが如何でしょうか。

※現政権はこの「安保法案」によって国民の安全が守られると美辞麗句を並べているが、真の民主主義は「政府の判断」よりも「民意の判断」を重んじなければならない。もしも憲法違反の政府の判断を優先したいなら、それは法の番人である最高裁判所長官の判断を仰いでからやるべきことである。何れにしろ「憲法」と「民意」を踏みにじる様な政権は、世論の力で退陣させるしかない。今までは現政権の独裁主義が世論を封じ込めていたが、このワンマンぶりがこれから「支持率の急落」を招いて国民からのシッペ返しを受けることになる。即ち「安保法案の強行採決」と

「原発再稼働」に国民がどれ程の怒りを感じているのかを知らなければならない。少なくともわが国の「国是」である立憲主義を無視して憲法の解釈を勝手に変更する様な政府を国民は許す訳にはいかない。尚　憲法第81条は「憲法に違反していないかどうかを最終的に決める権限をもつのは最高裁判所である」と定めていて内閣総理大臣にはその権限は与えられていない。従って今回の閣議決定は明白な憲法違反である。その意味では政府は「憲法解釈変更」という閣議決定の憲法違反と憲法第81条の法令審査権にも抵触した「ダブルの憲法違反」をしている。

改修工事中の原爆ドーム　2016.5.5　撮影

広島と長崎の核の犠牲者は21.4万人
広島に投下された一発の原子爆弾が、一瞬にして14万人もの命を奪った。一方長崎では7.4万人の命が失われ、広島・長崎の両市で21.4万人もの人々が核兵器の犠牲になった。
米国大統領は外遊する度に「核のフットボール（核攻撃指令装置）」の黒いカバンを秘書に持たせているがこんな無駄なことはやめるべきである。

3.　戦争をなくす方法論

2015年6月14日

わが国の現政権は、日本国憲法の解釈を勝手に変更して、再び「戦争への道」を突進しようとしている。憲法は「国家権力の横暴」を取り締まる最高位の法律であるが、この度の閣議決定はその根本原則を無視して政府の力で「憲法」を踏みにじろうとしている。これでは「三権分立」の仕組みは機能しなくなり、公正な社会を維持することは出来なくなる。

今回の11本の安保法案の審議では、国会に呼ばれた3名の参考人（憲法学者）がそろって「違憲」の表明をしているし、大新聞（朝日・読売・毎日・日経）の世論調査でも違憲判断の結果が出ている。又　歴代の法制局長官も異議を唱えている。
恐らく　与党執行部は「党議拘束」をかけてでも、本法案の強行採決を図るであろうが、その様な姑息な手段は行使すべきではない。わが国は立憲主義に基いた議会制民主主義を採用しているが、民主主義は「数の力」で成立する仕組みであり党議拘束は「不当圧力」である。採決に当っては国民の代表である国会議員の生の本音をその議決に反映させるべきであり、少なくとも比例代表当選者以外の選挙区選出議員には党議拘束を掛けるべきではない。もしも現在審議中の議案が党議拘束や60日ルールによって可決されるならば、その国会決議は歴史に残る大汚点になる。又　国際社会でのわが国の評価はこの強引な国会運営によって一気に下り、その余波を受けて「平和国家・日本の失望売」が起こり日本株と日本国債は暴落するであろう。それと同時に懸念されている「中国バブルの崩壊」が重なれば世界経済は大変なことになる。又　一方で1ドル＝150円の「超円安」の時代が到来すれば、日本経済は「大不況」に陥り奈落の底に転げ落ちる。（為替相場が大きく変動すれば、円高であっ

ても円安であっても大不況になる。)

ところで本法案では「米国の軍事力」に依存した「戦争抑止力」により国民の幸せと命を守ることが出来ると政府は説明しているが、軍事力を増強すれば「軍拡競争」が益々エスカレートして戦争のリスクが増大することは自明である。又　武力で「平和を守る」ことが出来たのは過去のことであり、これからの国際社会は軍隊を強化すれば戦争勃発のリスクが一気に高まり、わが国の自衛隊員の犠牲者も増加する。しかも今の自衛隊員には外国人兵士を殺害したという経験がないだけに、戦争に直面した場合の隊員の精神的苦痛は図り知れないものが考えられる。この様に本法案は問題山積であり、国家・国民の為に「廃案」にしなければならない。しかし本問題は戦争を無くすことが如何に難しいかということの裏返しのテーマでもあるので、この問題の解決策のポイントを以下に整理してみる。

①かつて「米ソ冷戦時代」においては「軍拡競争」がエスカレートしてキューバ危機（1962）が起こり「核戦争の恐怖」が世界を揺るがした。一方　ふくれ上った巨額軍事費が世界経済を混乱させたが、この競争に敗れたソ連は世界地図から姿を消した。又この争いに勝った筈の米国も多額軍事費の重圧に今もあえいでいて今後は「世界の警察官」を返上しようとしている。しかも今の戦争は勝ったところで昔の様に戦利品が得られる訳ではないので、戦勝国と言えどもその戦費の増大で自国の財政は悪化する。

②現下の「日米同盟」の構想が具体化すれば、やがて「米中激突」の事態が生じ、再び世界大戦に突入する恐れがある。（この緊急事態を国連で解決することは不可能である。)

③世界は今「武力を行使することの愚かさ」を知っている。この「世界の民意」を生かして「世界憲法」を制定し「世界連邦」を創設すれば戦争はなくなる。

④世界憲法では「軍事力解体」と「戦争放棄」を定めている。そして世界憲法に違反した場合には「経済制裁」によって他国との貿

易や金融が不可能になる。即ち　経済制裁を受ければ、「輸入」も出来ないが「輸出」も出来なくなり自給自足経済を強いられることになる。又　世界連邦による「融資不承認」により新規の金融の道も閉ざされる。この様にして世界憲法の違反国家は「国家の兵糧攻め」に直面することになる。要するに世界連邦という世界権力により「貿易と金融の遮断」という経済制裁の圧力を受けて、世界連邦大統領の命令には従わざるを得なくなるので戦争は起こらなくなる。

⑤世界憲法の違反国家が武力でもって抵抗する場合には、世界連邦は世界で唯一の軍事力である「世界政府軍」を動員させることが出来る。但し　世界政府軍といえども核兵器の使用は出来ないので最後には「世界の世論」と「人間力による外交努力」によって決着を図らなければならない。しかし「世界憲法」はこの時の頼りになるツールになる。（世界最強の「法の力」で戦争を抑止することが出来る。）

⑥尖閣諸島や南シナ海の南沙諸島等の20年超の長期紛争地は世界連邦が没収し、世界の公有地として「世界自然公園」や「世界難病研究所」や「世界史図書館（人類滅亡後の世界遺産）」等として利用する。

⑦世界連邦で「武力に頼らなくてすむ長期的な平和戦略」を構築する。そして戦争を未然に防ぐことの出来る「平和の仕組み」を作る。

⑧国連は「各国の主権」を尊重すると共に「5大国の拒否権」を認めている為　統一した決議をすることが出来ない。即ち決定権をもたない国連は役に立たないので解体すべきである。

⑨現在は富裕層と貧困層が一極に集中し「貧富の格差」が極限までに拡大している。そしてその破壊のエネルギーは大きなマグマとなって社会に蓄積されている。このままでは早晩資本主義社会は破綻して行きづまる。しかし世界憲法でこのシステムの欠陥が是正されるなら、世界は希望に輝く「黎明の時代」を迎える。

⑩憲法違反の安保法を認めることは断じて出来ない。又　緊急事態条項という立憲主義を踏みにじる条文を憲法に加えることも許されない。しかし現政権は閣議決定で何でも通そうとしているが、この様な独裁主義はこの先通用しなくなる。（国民の反発のマグマがやがて噴火する。）

⑪孫子の兵法に「兵とは国の大事なり。」とあるが、この理念に基き世界の各国は徴兵制によって自衛力を高めてきた。しかし徴兵制は戦争に備えた仕組みであり、国際紛争の火種になるので世界憲法で禁止する。

4. 世界平和運動の5原則

世界のどこかで悲惨な戦争や虐殺が繰り返されている。そして今後 大国間で核戦争が起こるなら「人類は滅亡してしまう」という危機的な状況にある。少なくとも先の第2次世界大戦では、アジアで2,300万人以上の人々が命を落としたと言われているが人類はこの様な過ちを2度と繰り返してはならない。その上わが国では世界で初めて広島・長崎に原爆が投下され、未曽有の大悲劇に見舞われた。しかしこの混迷の年の昭和20年12月に憲政の神様と言われた尾崎行雄が世界平和の構築を祈願して「世界連邦建設に関する決議案」を国会に上程した。この画期的な議案はGHQの圧力によって葬り去られたが、この様な勇気ある提議はわが国の誇りとする所である。（この時 戦勝国間では「国際連合」の設立についての協議をしていたので「世界連邦の構想」は単なる雑音でしかなかったと思われる。）かかる先人の遺徳を偲び、下記の「世界平和の5原則」の推進を祈願する。

その1　「世界憲法」を制定して法の力と人間力で「世界平和」の仕組みを構築する。

その2　紛争の根源は人間の「我欲（がよく）」にある。この悪しき心を断つ為に世界の子供たちの「平和教育」を義務化する。（「平和の大切さ」を未来につなげる為に「平和の遺伝子」を世界の子供たちの心の中に植えつけ　人間主義社会の基盤づくりをする。）

その3　公正・中立な世界政府である「世界連邦」を創設して世界を一つにする。そして各国の軍事力を解体して「世界の戦争放棄」を実現する。

その4　「世界政府軍」と「世界警察庁」によって「世界平和の安全弁」を作る。

その5　「格差是正」を断行して「雇用の拡大」と「貧困の撲滅」を実現し、資本主義社会から人間主義社会への大転換を図る。

資本主義社会のキモは富の蓄積が複利で廻ることである。そしてその結果として社会の格差が拡大し、富める者は益々富み弱者は逆に貧しくなっていく。このギャップを社会福祉や税制のみでカバーしようとしても、それでは本質的な解決策にはならない。世界憲法ではこの様な不平等をなくす為に「自由」に制限を掛けて　人間主義社会の土台を固めている。

5. 怨親平等

怨親平等（仏敵であろうとも死した後は平等に弔う。）という思想は仏教の基本理念であるが、空海（774 ～ 835）はその教えに忠実に従った。その一つが「織田信長の供養塔」である。

高野山は謀反を起こした荒木村重の家臣団をかくまったが、このことに怒りを顕にした信長は、1,383人もの高野聖を処刑した。この様に織田信長は高野山にとって憎き仏敵であったが　高野山は過去の罪を問わずに　信長の供養塔の設置を容認している。

高野山の奥の院では、一の橋から弘法大師御廟までの約2kmの参道沿いに30万基もの供養塔が林立しているが、空海はこの聖地で今も禅定坐禅をしながら瞑想を続けている。

そして「貴賤を論ぜず、貧富を看ず。（死んでしまえば　貴賤も貧富もない※）」として信長を許している。これこそ「非対立」の慈悲の心であり、平和の原点である。とかく戦争やテロは「報復の連鎖」を生むものであるが「怨親平等」ならその怨念は消え失せる。

空海は1,200年余の時を超えて　今もそう語りかけている。

> ※この弘法大師の教えに従えば、仇討ちや憎悪の連鎖は生じないし「テロ」や「戦争」も起らない。「非対立」と「怨親平等」こそは究極の平和の理念である。

次郎長の勝札

清水の次郎長（1820 ～ 1893）はバクチに長けていて15才の時に浜松の米相場で巨利を得た。又　腕と度胸で「海道一の大親分」となり、勝蔵一家（130人）と清水一家（22人）との「荒神山の血闘（1866）」では　次郎長の名声を不動のものにした。
しかし英傑・山岡鉄舟（1836 ～ 1888）と交流する様になると渡世人をやめ、数々の地域貢献の事業を手掛けている。特に次郎長は官軍に追われていた鉄舟を助けて、勝海舟と西郷隆盛との会談を実現させ　江戸の町を火の海から守った。

6.　弥陀の本願

2016・3・15

阿弥陀如来は衆生（しゅじょう）が救いを求めてきたならば、どんな罪深い者で
あっても　その願いごとを聞き入れて絶対の幸福に導いてくれると
いう。この様に弥陀の本願に全てをゆだねれば己の執着（しゅうちゃく）から解放
され　死後に浄土という極楽に行くことが出来るという。この究極
の人間の願望を「弥陀の本願」という。（正にこの教義は「難民救
済」に光を当てるものである。）

徳川家康（1543～1616）はこの浄土教を祖母の源応院（げんおういん）に幼い頃か
ら教え込まれていた。そして桶狭間の合戦（1560）に敗れて16騎
の家臣と共に岡崎に逃げ帰ってきた時に、自害するつもりで立ち
寄った（この時家康は19才であったが、この頃は「三河一向一
揆」に手を焼き落ち込んでいた。）大樹寺（だいじゅじ）で登誉上人（とうよしょうにん）から「この馬
鹿者が」と大目玉をくらうことになる。そして「ここで死んだつも
りでこの世を浄土にする為に生きろ。」と諭され、下記の教訓が上
人から授けられた。

厭離穢土（おんりえど）　欣求浄土（ごんぐじょうど）

今の世は「穢土」（けがれの多い国）だ。
この世を「浄土」にして民衆の苦しみを取りのぞき、民に楽し
みを与えよ。（戦（いくさ）を無くしてこの世を平和な楽しい世界にせ
よ。）

その後　家康はこの理想を心に焼きつけ、戦の度にこの「願かけの
ぼり」を立てて戦った。家康は大坂夏の陣（1615）に勝利した後
「元和偃武（げんなえんぶ）」を発令し、わが国は世界で初めての「軍事力解体」を
成しとげた。そしてこの「のぼり」がわが国の戦国時代に終止符を
打ち、264年間続いた江戸時代を戦いのない平和な時代にした。も

119

しも家康が登誉上人からこの教えを聞くことがなかったなら、あるいは家康が切腹前の千利休と茶席を共にすることがなかったなら、家康の「平和の大業」は実現しなかった筈である。

京工大ワンダーフォーゲル部の山小舎
（50年前の完成写真）

建築地	滋賀県　平（比良山系）　皆子山（標高　972）山麓
建築概要	木造　合掌丸太組　アスファルトシングル葺　3階建 延 35.1㎡　他にベランダ 11.1㎡
設計・施工管理	宮林幸雄（KTUWV　OB）
施工	建築資材の総重量（ボッカ量）　約80 t（1人当り66kg） KTUWVの部員・OBの素人集団　1,215人 他に職人34人　全稼働日数98日
工事経過	昭和42年（1967）4月 設計着手　6月 木橋及木馬道の築造　7月 湧水からの給水引き込み工事 7/15起工式　8/2上棟　11/5竣工式 当時のセメントは1袋で50kgもあったが（今は25kg）、この重いセメント袋を112袋も現場に運んだ。そして伏見スポーツセンターの工事現場で実習をした部員・OB達が　電気もない山の中でコンクリートを打った。

7.　宇宙の大意志は世界の平和を望んでいる

人間の心の中には小宇宙がある。その小宇宙がお互いにくっつき合えば大宇宙になる。

今、その宇宙の大意志がこの世界を浄化する為に、人類に求めているものがある。それは「戦争のない平和な社会」である。しかし多くの人達は言う。

- 軍事力解体や戦争放棄など出来るハズがない。（自国を守る軍隊は必要だ！）
- 核兵器のない世界になど変われるハズがない。（核抑止力としての軍備は必要だ！）

この宇宙には不思議な「宇宙の大意志」のパワーが存在している。この大意志に「希望」という火が点けば世の中が変わる。そして出来ないと思っていたことが出来る様になり変わらないと思っていたことが変わる様になる。こうして<u>世界の多くの人々が「戦争のない平和な社会」を望むならその願いは必ず実現する。</u>

今、世界は再び戦国社会に突入し核兵器や戦争やテロの恐怖が地球上に渦まいている。

<u>この戦乱を鎮める為に求められている「平和」は宇宙の大意志の願いであり人類の願望である。</u>そして下記のスローガンは「21世紀の願かけののぼり」である。

世界憲法を制定し　世界連邦を創設して　平和な世の中を建設せよ。

Sachio Miyabayashi
宮林幸雄

本能寺の変と千利休

文芸社

作　宮林幸雄
画　栃久保操
2001年刊

「本能寺の変」は戦国社会を終わらせる為の利休のメッセージであった。その後400年余を経た今日、人類は再び「危機の時代」にぶつかり、これから新世紀のドラマが始まる。

21世紀は「利を休する時代」であり、理念革命を機に「悪玉の欲望（エゴ）」と「競争」にブレーキの掛った新時代がやってくる。

8.　格差是正

平成28年7月31日

人類社会には下記の如く、様々な難問が津波の様に押し寄せている。
そして多くの人々の命が危機にさらされている。こうした難問は
「資本主義社会の行きづまり」に起因していると思われるが　人間
主義社会を実現させる為には「格差是正」がどうしても必要である。

① 「核戦争」の勃発

　　世界には15,000発の核弾頭が存在しているという。又米国のシン
　　クタンクの発表によれば2050年には世界の核保有国は18ヶ国
　　（この中には日本も含まれているという。）にまで増えるという。
　　（現在想定されている核保有国は10ヶ国）こんな愚かな戦争をし
　　て戦勝国になったとしても、やがて人類が絶滅してしまったので
　　は戦勝国といえども生き残ることは出来ない。行きつく先は「人
　　類共倒れの終着駅」である。

② 巨大原発事故による「放射能の脅威」

　　プルトニウムを燃料にした「世界一危険な原発」の大間原発が青
　　森県で工事中である。恐ろしいことにこの原発で使用される燃料
　　の放射能が安全レベルに落ち着くまでには10万年以上の年月を
　　要すという。要するに人間の誰もが「10万年余の避難生活」を
　　強いられることになる。しかもその建屋の強度は450ガルと木造
　　耐震住宅（600ガルの家）よりも脆弱である。

③ 戦争やテロの恐怖

　　これから「格差是正」を求めた戦いが本格化するが、この先僅か
　　1%の富裕層だけが生き残るというシナリオはありえない。要す
　　るに人類は資本主義社会の悪弊を是正した新しい社会を創らなけ
　　ればならないが、このプログラムの青写真が出来ない限り人類の
　　未来はない。

④地球環境の急激な悪化（地球温暖化）

　近年の気候変動は目に余るものがあり、昨年はフィリピンの沖合で海面水温が30℃になり巨大台風が発生して秒速90mの烈風が吹き荒れた。もしもわが国の近海で海面水温が33℃に達すれば、秒速100m超のスーパー台風が発生し　史上最大の台風被害が起こる恐れがある。一方では「南海トラフ巨大地震」や「富士山大噴火」や「浜岡原発事故」が懸念されているが、こうした苛酷大規模災害は予告もなしにある日突然にやってくる。

⑤世界恐慌による「国家破綻のドミノ倒し」と「資本主義社会の終焉」

　現下の資本主義社会を温存し、強欲主義・競争至上主義・一国平和主義・個人利益優先主義（わがまま）を今後も求めようとするなら、この先人類社会は「治安の悪化」や「社会不安の増大」や「天下騒乱」等により大変な事態が起こる。

⑥「難民の増大」による「民族大移動」

　人類社会に垂れ込めているこの暗雲を晴らさない限り「世界の平和」は実現しない。

⑦「雇用崩壊」による失業者の増加

　世界景気の低迷による「需要減退」や「個人所得の減少」や「産業用ロボットやAI（人工知能）の増加」等で失業者が増えて世界経済が大不況に陥る。

⑧AI兵器の増加

以上の様な地球規模の問題をこのまま放置しているなら、人類はあと500年で滅亡する。（宇宙双六説）今から500年前のわが国と言えば、戦国時代の真っ最中であり、わが国では国中が乱れていた。私はこの様な「世界危機」を回避する為には、下記の政策が必要であると考えている。

　a.　「世界憲法の制定」と「世界連邦の創設」を実現させ真の「平和の仕組み」を作る。

　b.　世界憲法の基本理念の一つである「弱者救済」に基き「格差

是正」を実現させて「幸せな楽しい社会」を作る。

- c. 以上を通じて「人間主義社会」の世の中を作り「悪玉の欲望」を排除した新しい文明社会を建設する。
- d. 以上のコンセプトの下に下記例の政策を導入することによりこの世を浄土に変えることが出来る。

イ 「生活再建年金制度」を創設し、生活弱者に10年間「生活年金」を支給する。(ベーシックインカムの実践)

ロ 弱者救済の理念に基き民間活力を導入して下記の給付型支援金制(生活費を含む。)の職業専門学校を開校し、未来の人材を育成する。(産業技術の育成と学生支援)

1. 職人支援専門学校（4年制）
2. 農業支援専門学校（3年制）
3. 漁業支援専門学校（3年制）
4. 林業支援専門学校（3年制）
5. 看護師支援専門学校（3年制）
6. 保育士支援専門学校（2年制）
7. 介護士支援専門学校（2年制）

ハ 失業者を救済する為に効率的な民間工場を建設して雇用の場を増やす。

以上の政策を導入する事により、下記のメリットが得られる。

- a. 生活弱者の消費が増えて安定的な生産活動が出来るので経済が活性化する。
- b. 「生活苦の低減」で治安が良くなり凶悪犯罪が減少する。
- c. 「生活再建年金制度」により貧困層が減少し社会が明るくなる。

第7章　提言書

1.　豊橋市議会様

平成26年1月21日
宮林幸雄

件名「原発ゼロ宣言」の表明運動について

豊橋市は「ゴミゼロ（530）運動」と「ええじゃないか騒動」の発祥地です。この実績にちなみ下記例の「原発ゼロ宣言」を行い、豊橋駅（東口）前のペデストリアンデッキにわが国初の「原発ゼロ宣言都市」の看板塔を設置することを提案致します。こうした「脱原発」の声により各地で「100市以上の原発ゼロ宣言都市」が誕生すれば、わが国の「原発ゼロ（日本政府は全ての原発の廃炉を宣言する。）」は現実のものになり「原発のない安全な社会」の国づくりが出来ます。地方議会の民意が国を動かす新時代の到来です。

原発ゼロ宣言（宮林案）

原子力発電所から排出される使用済み核燃料は、10万年以上の超長期にわたってこの地球を放射能汚染の恐怖にさらします。又　たまり続けていくプルトニウムは核兵器の原料になる為戦争の不安を煽ります。そして<u>目先の経済の為に「原発再稼働」をすればかけがえのない人間の命や心が損なわれますし、一旦「原発事故」が起これば地域の産業と文化は根こそぎ破壊</u>されます。こうして「旧人」の牛川人（豊橋市内で出土した人骨化石）以来、10万年余の永きにわたって営々と築かれてきた　このふるさとは崩壊してしまいます。この様に当地域から70km圏に位置している世界一危険であると言われている「浜

岡原発」が「南海トラフ巨大地震」の勃発により爆発炎上するなら、史上空前の「原発パニック」が起こりその被害額は想像を絶するものになります。

この様に原発や核兵器程　非経済的で危険性の高いものはありません。しかも如何に科学技術が進歩しようとも人間の力で「核」を制御することは未来永劫に不可能です。又　ある日突然に「原発事故」や「核戦争」が起これば、人間は「放射能の脅威」から逃れることは出来ません。その上　一旦「大破壊」が起これば人間社会は修復不能に陥ります。

かかる蛮行を阻止する為に、豊橋市民を代表して当議会は「原発ゼロ宣言」を行い　当市がその宣言都市であることを表明します。10万年先の未来の子供たちの命を守る為に。

2014年
豊橋市議会

全国各地の議会が動けば　「原発ゼロ」が実現し　日本が変わる。

又　「世界憲法の制定」という大義でわが国が動けば社会が激変して「世界連邦」が創設され、真の世界平和が実現する。そして21世紀の哲学が「人間主義社会」という新しい文明社会を創る。

福島第一原発2号機の現状

東京電力では福島原発2号機の格納容器内の調査を継続的に行っているが、この度「底にたまっている冷却水の水位」を今までの60cmから30cmに修正した。

溶けた核燃料の多くは水に漬かっておらず「空冷」に近い状態で

あったというが、通常では考えられない深刻な事態である。(但し格納容器内の温度は約33℃に保たれていたというが、これは神の御加護か?)

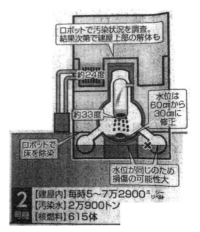

ロボットで汚染状況を調査。結果次第で建屋上部の解体も

約24度

水位は60cmから30cmに修正

約33度

ロボットで床を除染

水位が同じのため損傷の可能性大

2号機 【建屋内】毎時5〜7万2900ミリシーベルト
【汚染水】2万900トン
【核燃料】615体

(中日新聞2014・6・25号より)

128

2. 函館市議会様

平成26年7月17日

宮林幸雄（73才）

件名「原発ゼロ宣言」の表明運動について

他地域在住の一市民からのお願いごとで恐縮ですが、貴市議会で標記運動についての御審議をしていただけることを願い、本要望書を送付させていただきます。※注

函館市では本年4月3日に国と電源開発（Jパワー）を相手取って「大間原発建設差し止め訴訟」を起こされましたが、本件は誠に時宜にかなった提訴であり 貴市の行動に深い敬意を表します。特に大間原発（青森県大間町で工事中）の場合はMOX燃料（猛毒のプルトニウムにウランを混ぜた燃料）を100％使用するという危険な原発になっていますが、もしもこの原発で事故が起こったら周辺の自治体は壊滅状態に陥り、東北地方や北海道は「死の町」に化すものと思われます。（MOX方式は「膨大な開発コスト」と事故が起こった場合の「危険性の高さ」から各国とも手を引いている。この為 現在この方式にしがみついているのはわが国だけであり、恐ろしいことに大間原発ではその「悪魔の工事」が現実に今も進んでいる。そして完成すれば「世界一の危険な原発」になると言われている。）

御案内の様に「脱原発の運動」はわが国の国是とも言うべき最重要課題です。かかる点に鑑み、添付の豊橋市議会様宛の提言書の如く「原発ゼロ」の市民の声が各地の議会から表明されれば、下記の様な人類社会の「ゆめロード」の開通も夢ではありません。この様に各地の議会で「原発ゼロの決断」をすれば、かつての薩長土肥の西

南雄藩が国を動かしてわが国の「明治維新」を実現させた様に、閉塞状態のわが国の未来を切り開き　真の世界平和を呼び込む起爆剤になると思います。かかる理由により　どうかよろしく貴議会で御検討の上「原発ゼロ宣言」の表明をして下さいます様お願い申し上げます。

（※注）下記の手法で民意を調査し、所定のレベルに達した場合には「原発ゼロ宣言都市」の表明をする。尚　回答数の中無効票が40％以上あった場合には、その結果は公表するものの原発の是非の判断は保留する。

   a. 市の条例を制定して「原発住民投票」を実施し、脱原発票が投票数の60％超であった場合には「ゼロ宣言」を表明する。

   b. シンクタンクや大学や民間調査会社に委託して「原発についての市民世論調査」を実施し、脱原発票が回答数の60％超であった場合にはゼロ宣言を表明する。

〈ゆめロードのルート図〉

「原発」の賛否を問う「原発住民投票」又は「原発世論調査」の実施（2014）
  ↓
100市以上の「原発ゼロ宣言都市」の誕生（2015）
  ↓
「原発ゼロ宣言」の閣議決定（2016）
  ↓
「世界憲法（日本案）」の国会決議と世界への発信（2017）
  ↓
「世界憲法」の制定（2020）

↓
「世界連邦」の実現（2025）

久能山の破魔弓（2020年製）
弓の名手・徳川家康は多くの苦難を乗り越えて150年間も続いた
わが国の戦国時代を終らせた。（1615　元和偃武）そしてこの
「軍事力解体」により「平和」な江戸時代を実現させた。

3. 八戸市議会様

平成26年7月18日

宮林幸雄（73才）

件名「原発ゼロ宣言」の表明運動について

他地域在住者からのお願いごとで恐縮ですが、貴市議会で標記運動についての御審議をして下さることを願い、本要望書を送付させていただきます^{※注}。

貴市近くの「六ヶ所村再処理工場」では各地の原発から送られてきた「使用済み核燃料」がたまり続けていて、今はもう満杯（3,000 t）とのことです。又　青森県大間町では J パワーの「大間原発」が工事中で、北海道函館市では「大間原発建設差し止め訴訟」を起こされていますが、本件は誠に時宜にかなった提訴であり是非共勝利していただくことを祈念する次第です。もしもこのまま大間原発が完成し稼働するなら、本原発は「100% MOX 燃料（プルトニウムとウランを混ぜた核燃料）」を使用する計画になっていますので大変に危険です。

その上この様な「高レベル廃棄物」を管理するとなると、24 ～ 50 万年もの超年月が必要になるそうです。（放射能を弱める対策は超スパンの時間の経過を待つしかないが、この様な超長期に耐え抜く建設資材はこの地球上にはない。）この様に猛毒の（100万分の1g という微量のプルトニウムを吸い込んだだけでその人はガンで死ぬ。）核燃料を排除する為にも、この函館市の運動を周辺自治体でも支援していただき、全国区の運動にしていただけたらと念じます。

かつてわが国では「僅か800gのウランの核分裂」により広島の街が壊滅しました。（1945・8・6）、又 「1kgのプルトニウムの核分

裂」で長崎の街が廃墟と化しました。(1945・8・9) しかるに今、100万kwの原発は1日に3kgのウランを消費しています。(広島原爆の3.75発分)

一方　六ケ所村の再処理工場には46 t もの大量のプルトニウムがあるということですので (長崎原爆の4万6,000発分) そこには深刻な問題が潜んでいます。要するに六ケ所村の再処理工場ではこの様な大量の核兵器の原料がストックされていることになる訳ですので、本件は超長期の保管問題のみならずテロやミサイル対策等の困難な問題が浮上してきます。

御案内の様に「脱原発の運動」はわが国の国是ともいうべき最重要課題です。かかる点に鑑み「原発ゼロ」の市民の声が各地の議会から表明されれば、下記の様な人類社会の「ゆめロード」の開通も夢ではありません。この様に各地の議会で「原発ゼロの決断」をすれば、かつての薩長土肥の西南雄藩が国を動かしてわが国の「明治維新」を実現させた様に、閉塞状態のわが国の未来を切り開き　真の世界平和を呼び込む起爆剤になると思います。かかる理由によりどうかよろしく貴議会で御検討の上「原発ゼロ宣言」の表明をして下さいます様お願い申し上げます。

　※注　下記の手法で民意を調査し、所定のレベルに達した場合には「原発ゼロ宣言都市」の表明をする。尚　回答数の中、無効票が40％以上あった場合には、その結果は公表するものの原発の是非の判断は保留する。

　　　a.　市の条例を制定して「原発住民投票」を実施し、脱原発票が投票数の60％超であった場合には「ゼロ宣言」を表明する。

　　　b.　シンクタンクや大学や民間調査会社に委託して「原発についての市民世論調査」を実施し、脱原発票が回答数の60％超であった場合には「ゼロ宣言」を表明す

る。

〈ゆめロードのルート図〉
（函館市議会様の草稿と同一につき省略）

追記（2017.3.30）
米国原発メーカーのウェスティングハウス社（原発ビジネスの多額
の赤字を隠していた。）を買収した日本を代表する名門企業の東芝
が1兆円超の巨額赤字を出して存亡の危機に立たされているという。
このことは原発産業そのものが、ビジネスとして成り立たなくなっ
てきたことを示している。
それ程に「原発のリスク」は想像を絶する様な巨額な損失を生むこ
とが判明したのである。わが国が今の原発政策（原発再稼働・原発
輸出）をこのまま継続させるなら、この先　世界の「原発ビジネ
ス」は行きづまって原発企業の会計も国家の財政も破綻する。

4.　国土交通大臣様

「都市計画法の大改正」についての要望書

私は「地方創生」の為にやるべきことは「都市計画法の大改正」であろうと考えています。

即ち　現在塩漬けになっている市街化調整区域内の膨大な未利用地の有効活用を図ることは「地方創生」の為の急務の課題であると思います。もしも今のままの都市計画法でわが国の行政が進むなら、地方経済は益々疲弊し　人口減少が加速してわが国の国力が急激に衰退することは避けられません。

現在の都市計画法の大改正を実施して市街化調整区域内の無価値に近い土地を活用することが出来る様になれば、大都市から地方に人が移動し東京一極集中が是正されて地方経済が再生します。そして地方公共団体の税収（固定資産税等）が増えて地方に明るい未来が芽生えてきます。正に　今まで道楽息子でしかなかった「やっかい者の調整区域の土地」は「地方に富をもたらす宝の土地」に大変身します。

以上の様な意図に基き、下記の仕組みで市街化調整区域内の土地の開発を進めるなら、今までの過疎地が活気のあるにぎやかな町に変わります。

a.　現行の都市計画法の様な複雑で分かりにくい条文を改め、明解で分かり易い文面にする。

b.　「建てさせないこと」を基本原則にしていた今までの都市計画法を改め、改正案では「建てる」ことを優先した政策に転換する。但し下記の条件をつけて乱開発は防止する。

　　イ　雨水排水設備を有している敷地で、道路幅員が6m以上の公道に接していること。（路上駐車の容認）

　　ロ　市街化区域並みの給排水設備を有していること。（その為

の費用の1/2は本人負担とする。)

　　ハ　住宅地としての開発面積は200㎡以上で300㎡未満のゆと
　　　りのある区画とし　ミニ開発や乱開発を防止する。(分筆
　　　してその狭小宅地を転売することを禁止する。)

　　ニ　敷地境界杭のある確定測量済の土地であること。

　　ホ　電気設備の引き込みが可能な敷地であること。

　　ヘ　下記に該当する場合は、原則として建築を許可しない。
　　　・土砂災害警戒区域内の土地
　　　・津波災害警戒区域内の土地
　　　・液状化の恐れのある土地
　　　・海抜10m以下の低い土地
　　　・その他　建築することがふさわしくない土地

　c.　この様な政策転換を図ることにより　下記の様なメリットを得
　　ることが可能になります。

　　①「田舎暮らし」を楽しむことが出来る、ゆとりのある土地を
　　　入手することが出来る。

　　②市街化区域内の土地価格の70%程度で優良宅地を入手する
　　　ことが可能になる。

　　③売主は遊休資産を売却することが出来るので、個人所得が増
　　　えて消費が拡大し、世の中の景気が良くなる。

　　④地方公共団体には固定資産税や不動産取得税が入ってくるの
　　　で税収が増加する。

　　⑤人が都市部から地方に移動することにより、地方経済が活性
　　　化し過疎地が蘇る。

　　⑥土地が動くことにより　地方経済が活性化する。

　　⑦秩序ある開発により　未利用地での「環境破壊」を防止する
　　　ことが出来る。

以上の如く「都市計画法の大改正」を断行すれば、数々のメリット
が生まれて地方が活性化すると思われますので、よろしく御検討下
さいます様お願い申し上げます。

2015年5月8日
宮林幸雄

木のいえ整備促進事業（長期優良住宅）
Ｔ邸住宅新築工事（豊川市）　2011年建築
構造　　　　　木造　SE構法　2階建
耐震性能　　　600ガル仕様の家（※）
耐風等級　　　2
断熱等級　　　4　下記の2重断熱の家
　外断熱　　　木質断熱材（自然素材）
　内断熱　　　羊毛断熱材（自然素材）
※本建物は後の「200年住宅の在宅避難の
　家」の原型になる。

※わが国は世界最大級の地震大国であるが、原発建屋の耐震性能は
　下記の様に脆弱である。にも拘らず、原子力規制委員会は再稼働
　に向けての審査に対し、・印の原発に対しても適合との判断を示
　している。（2015・8・15　現在）　尚　伊方原発の審査書では、
　この原発の地盤の想定地震動の最大加速度を650ガルとしている
　が、570ガルの建屋でどうして650ガルの地震動に耐えることが
　出来るのであろうか。しかも適合書では「最新の科学的・技術的
　知見を踏まえており、新規制基準に適合している。」とコメント
　しているがこの委員会は論理破壊を起こしている。（5名の委員
　の中に建築構造の専門家が1人もいないのは問題である。）
　　・大間原発（工事中）　　　450ガル
　　・高浜原発（福井県）　　　550ガル
　　・川内原発（鹿児島県）　　540ガル
　　・伊方原発（愛媛県）　　　570ガル
　　（ここで原発事故が起これば伊方町の5,000人の住民は逃げ場
　　を失い陸路での避難が出来なくなる。しかも瀬戸内海が汚染

され、3,500万人分の海産資源に重大な影響が及ぶ。）

福島原発（原発事故発生）　　　　　　600ガル

5.　世界憲法を制定して　迫りくる世界危機を打破しよう

2015・11・1

（2016・2・28修正）

これから世界の歴史は大きく動く。即ち資本主義社会が「競争の激
化」によって行きづまり「格差社会の時代」になろうとしている。
又　中国バブルの発生によって共産主義社会が大混乱の渦に巻き込
まれようとしている。更には「地球環境問題に起因する各国間の対
立」と「テロとの闘い」が激しくなって世界は再び戦国時代に突入
し、この世の中は修羅場になる。歴史の教える所によれば、こうし
た危機を収拾するのは優れた戦略と強大な兵力を抱えた戦国武将で
あり絶大な権力を誇った皇帝であったが、これから起こる「世界大
乱」にはそんな過去の戦争力学は通用しない。私はそのシーンを
「このままでは人類はあと500年で滅亡する。」と予測しているが
（1993「宇宙双六300億年の旅」）いよいよ人類社会はその終末に向
けてのカウントダウンが始まった。そこには国境や国家を超えた新
しい国際社会の軋轢が垣間見える。「人類の危機」の様相は下記A
の様に多様化し複雑化しているが、その「歯止め策」のシナリオづ
くりはこれからの「人類の大業」である。こうしたグローバルな課
題に対して私はBとCの様に考えている。

A.　迫り来る世界危機

①既存国家とイスラム国（1匹狼のイスラム兵を含む。）との
間で第3次世界大戦が勃発する恐れがある。（この様な事態
が起これば、核兵器や化学兵器や細菌兵器の使用や宇宙技術
の転用が懸念されるが、人類はこの過酷な戦争をくい止める
術を持ち合わせていない。）

②国際社会では北朝鮮の様な独裁国家が核兵器やミサイルの脅
威をちらつかせながら、世界を揺さぶっている。しかしこう

した暴挙を停止させることは国連では至難である。(国連の
限界)

③格差社会の歪みが玉突き現象を引き起こし、いじめや自殺に
よる社会不安が増大している。現下の資本主義社会が続く限
り、この問題を抑制することは大変な難事であり、社会的弱
者は生存出来なくなる。(難民の多発)こうなると新しいタイ
プの世界大戦に引き込まれる恐れがあるが、現実に核戦争
が勃発すれば世界は大破壊に直面する。又　世界は「大企
業」や「ごく一部の大富豪」のみでは存続出来ないのであ
り　このままでは人類社会は「共倒れ」への道を進むことに
なる。

④株安・原油安・円高が続いて世界経済の基盤が揺らいでいる。
この先この様な事態を放置しているなら「人間の強欲<ruby>強欲<rt>ごうよく</rt></ruby>」がぶ
つかり合って市場を制御することが出来なくなり、社会的弱
者は生存不能になる。そして地球社会は新しいタイプの世界
大戦に引きずり込まれる。

⑤企業倒産や廃業によって失業率が増大し　各国で雇用不安が
高まる。

⑥このまま格差社会が持続するなら未来に失望した若者達が一
斉に蜂起し、聖戦という名の宗教戦争が起こる。そして資本
主義が産み落した「グローバリズム」が「貧困」や「格差」
や「失業」や「差別」や「テロ」を生む。又　民主主義が本
来の力を失って　政治は単なる人気投票の場になり、国家の
政治機能が低下して世界は収束不能に陥る。(国際政治力の
低下)

⑦「中国経済の減速」とフォルクスワーゲン問題に端を発した
「ドイツ経済の悪化」と「シリア・リビア難民の激増」や
「株安・原油安」等による需要不振によって「世界同時不
況」が起こる。そして2016年の夏頃から世界中で株価の暴
落が起こって世界経済は乱気流に巻き込まれる。一方　わが

国の政府は安保法案を通す為に、国会の承認もなしに多額
（約50兆円）の国民資産である年金預り金を投入して<u>株価の
操作をしていたが（現在その国家的損失額は7兆円を超えて
いるという。）</u>今やわが国経済の悪化をくい止めることが出
来なくなっている。その上わが国はギリシャを上まわる様な
巨額（1,200兆円）な「国家赤字」を抱えているのであり、
世界経済の後退を受けてわが国の景気は今後急速に悪化する。
この為2017年4月に予定されていた「消費税増税」は再延期
になる。（このまま増税を予定通りに実行すれば、<u>景気低迷
による税収不足で日本経済は奈落の底に落ちることになるの
で</u>「消費税再延期」は朗報である。）

⑧「南シナ海問題」で米中が激突する恐れがあるが　国連では
　この動きを止められない。

⑨国際社会は難民の受け入れを拒否出来ないが、この根っ子の
　問題を解決することは至難である。

⑩<u>自然破壊と大気・海洋汚染のまん延と気象異変</u>（異常豪雨・
　大洪水・山崩れ・干ばつ・猛暑・大寒波・大雪・山岳氷河と
　極地氷河の融解・海水面の上昇に伴う陸地の消滅・森林火
　災・陸上及び海上竜巻・絶滅危惧種の増加・温室効果ガスに
　よる地球の高熱化）

⑪<u>感染症（新型コロナウイルスの出現）が増加する。</u>

⑫「海面水温の上昇」に伴い「超巨大台風」が頻発する。（原
　発の熱エネルギーの2/3は海に捨てられているが「海水の温
　暖化」は甚大な自然災害を起こす。）

⑬「地球温暖化」による気候変動により「食糧・水不足」が深
　刻化し世界の各地で紛争が多発する。

⑭「過酷自然災害の発生」と「原発事故」（<u>自然災害は天災で
　あるが原発事故は人災である。</u>）

　　イ　「南海トラフ巨大地震」と「富士山大噴火」と「浜岡原
　　　　発事故による核暴走」（この連鎖災害はいつ起こっても

不思議ではない。）もしもこの大事故が起こるならわが
国最大の国難になる。しかし原発を廃炉にすればこうし
た被害を最小限にくい止めることが出来る。

※わが国は世界有数の地震大国であり、巨大地震と大津
波は近い将来必ず起こる。江戸時代に起こった宝永大
地震（1707 M8.6）は阪神大震災のエネルギーの30
倍位であったといわれているが、これよりも大きな南
海トラフ巨大地震が静岡県及び愛知県沿岸部や四国沖
で起こり「浜岡原発事故」を併発させる可能性が高い。
こうなると新幹線や新・旧東名高速道路も機能不全に
陥り2020年開催予定の「東京オリンピック」の開催
が危ぶまれる。こうした大混乱が複合的な玉突現象を
起こし　国内の政情不安が激化する。

ロ　「桜島大噴火」と「霧島火山帯の連鎖噴火」と「川内原
発事故」

※核廃棄物を処分出来る様な空き地や地下壕の適地は日
本のどこにもない。原発の立地自治体の首長はどこも
「原発再稼働」を望んでいるが、原発のライフサイク
ルコストは想像を絶する様な巨額になることを忘れて
はならない。（どう計算しても原発は高くつく！）

ハ　大間原発（建設中）の「プルトニウム巨大原発事故」
（もしもこの事故が起こるなら「世界一の悲惨な原発事
故」になる。）と積雪期での「巨大火砕流・泥流事故」
の発生により地域経済は崩壊する。

⑮「リニア新幹線」が走り出せば、凄い電磁波問題が生じて国
民の健康が蝕まれるが「電磁波公害」を防ぐ技術はまだ世界
にはない。（リニアは「人」を乗せて走る乗物であり　乗客
や乗務員や沿線住民の健康問題を無視して運行することは許
されない。一方　リニア新幹線の工事着工により、名古屋駅
周辺の地価はバブルの様相を呈しているが、国民の健康問題

のことを考えて<u>「工事中止」の英断をすべきである。</u>）そして<u>「電磁波に依存しない新しい運行システム」を開発すべきである。</u>

⑯医療・介護・保育・教育の「人の問題」が、世界各国で危機的な状況に陥る。（従業者の「処遇改善」と職場の「環境改善」が強く望まれる。）

⑰領土問題・外交問題・貿易問題等の摩擦が起こり、<u>各国間で国益上の対立が激しくなる。</u>

⑱テロや難民が激増し　国際社会の政情不安がこれから高まってくる。こうして世界の各国で極右政党が台頭してくるが、この混乱を鎮めることは極めて難儀である。

B.　上記に対応した危機対策

Aの「世界危機」から見えてくるのは「絶望の未来」である。しかし下記の危機対策を講じるなら、世界は様変りし「希望の未来」がやってくる。

①「世界憲法」を制定して「世界平和の仕組み」を作り、世界法の理念で平和を守り　地球市民の幸福を実現させる。

②「国連」の欠陥を是正した「世界連邦」を創設し　絶対権を保持した世界政府を造る。ある世論調査によれば　56％の人々が「国連には世界平和を期待することが出来ない。」と答えているというが、役に立たない組織はつぶすべきである。しかも国連は60年以上も前に作られた陳腐な組織であり、今の社会には適応しにくくなっている。この為各国が保有している兵器を世界統一通貨の「ピース」で買い取って「世界の軍事力解体」を断行する。この様にして<u>世界政府軍を編成して軍事力解体に伴う「平和の担保」に努めれば世界の治安悪化をくい止めることが出来る。</u>

世界憲法（本憲法は<u>「各国の国家権力」や地球市民の「わがまま」を縛るもので世界最高位の宝典である。</u>）が出来れば<u>「法</u>

の支配」の厳格化により　世界が明るくなる。そしてこの「希望という波動」が世界に広がることにより、人類は「世界連邦の山」の8合目を踏破することになる。「希望の未来」の山頂は近い！

C.　「希望の未来の山」へのルート

①わが国の国会内に「世界憲法日本案制定特別委員会」を設置して審議をし　その成果を「国会決議」として内外に公表する。（わが国から「平和の波動」を世界に発信する。）

②同上の国会決議を承けて「わが国は世界平和を実現する為の世界連邦創設案を積極的に提案する。」という閣議決定をする。

③駐日アメリカ大使館にコンタクトをとり「国連の是正解体^(※)」と「各国の軍事力解体」という日本案の意向を伝え「世界平和」への理解と協力を求める。（アメリカ合衆国との合意の取りつけ）

　※国連の欠点は「5大国の拒否権」にあるが、このエゴを是正する為には国連を解体し「拒否権のしがらみ」を断つしかない。そして国連の資産や人財を引き継いで「世界連邦」を創設し、新しい「平和の仕組み」をつくる。一方世界に先がけて「日米平和同盟」を結成して「世界中の軍事力の完全解体」を実現させる。日米平和同盟は「世界の軍事力解体」が完了して世界政府軍を創設した時点で解散する。本提案はユートピアを求めた空論の様に見えるが、世界の戦争や内戦をなくす方法はこれしかない。いくら安全保障のシステムを強化してもそれは「軍拡競争」を煽って兵器産業のメーカーを潤すだけで、最後には対立する両者が「共倒れ」になり人類社会は破局を迎える。

④国連総会の議場でわが国の内閣総理大臣が「世界憲法の制定と世界連邦の創設」の提案演説を行い「世界平和の実現」を

強く訴える。そしてわが国が先陣を切って「世界憲法と世界連邦を創る」ことに積極的に関わり、世界各国からの支持を取りつける。そしてこの運動が国民運動になる様な大民衆運動の「世界のええじゃないか運動」を展開させる。

今　地球も人類も病んでいる。その上　地球にも人類にもこれから大きな危機が押し寄せてくる。しかし「世界憲法」を制定して「世界連邦」を創設すれば今からでも世界は変えられる。そして「世界連邦」が出来れば「戦争のない平和な社会」を建設することが出来る。我々人類は「1万年も続いた※という日本の縄文時代」の叡智を思い起こし、新しい「人間主義社会」を確立して自然と共生した社会を築こう。そして人間の心を大切にした新しい文明をスタートさせよう。こうして「奪い合う」という資本主義社会から「分かち合い・助け合う」という人間主義社会への大転換を行って「争いのない共生社会」を建設しよう。この様に「世界憲法」は「人類の夢」を形にすることの出来る「神より授けられた愛のツール」である。「平和」は人類の共有財産であり「世界憲法」と「世界連邦」を作って「戦争放棄」を実現させることは今を生きる現人類の責務である。戦争とは「人を殺しあう」という残虐で野蛮な行為であることを忘れてはならない。今人類社会が1番必要としているのは「世界憲法の制定と世界連邦の創設」であり、真の「世界平和」を実現させることである。

世界憲法制定運動　呼びかけ人
宮林幸雄

※付記（2017・3・11）
愛知県の豊橋市では、日本最古級（約1万1千年前の縄文時代草創期）の住居跡が発見されている。この竪穴住宅を復元して牛川遺跡公園（仮称）を造るならわが国の住宅建築史の貴重な記念碑になる。

原爆ドームのある広島平和記念公園

ふりがな お名前		明治　大正 昭和　平成　　年生　歳	
ふりがな ご住所	□□□-□□□□	性別 男・女	
お電話 番　号	（書籍ご注文の際に必要です）	ご職業	
E-mail			
ご購読雑誌（複数可）		ご購読新聞	新聞

最近読んでおもしろかった本や今後、とりあげてほしいテーマをお教えください。

ご自分の研究成果や経験、お考え等を出版してみたいというお気持ちはありますか。

ある　　　　ない　　　内容・テーマ（　　　　　　　　　　　　　　　　　）

現在完成した作品をお持ちですか。

ある　　　　ない　　　ジャンル・原稿量（　　　　　　　　　　　　　　　　）

書　名							
お買上 書　店	都道 府県	市区 郡	書店名				書店
			ご購入日	年	月	日	

本書をどこでお知りになりましたか?
　1.書店店頭　2.知人にすすめられて　3.インターネット(サイト名　　　　　　)
　4.DMハガキ　5.広告、記事を見て(新聞、雑誌名　　　　　　　　　　)

上の質問に関連して、ご購入の決め手となったのは?
　1.タイトル　2.著者　3.内容　4.カバーデザイン　5.帯
　その他ご自由にお書きください。
　(　　　　　　　　　　　　　　　　　　　　　　　　　　　)

本書についてのご意見、ご感想をお聞かせください。
①内容について

②カバー、タイトル、帯について

弊社Webサイトからもご意見、ご感想をお寄せいただけます。

ご協力ありがとうございました。
※お寄せいただいたご意見、ご感想は新聞広告等で匿名にて使わせていただくことがあります。
※お客様の個人情報は、小社からの連絡のみに使用します。社外に提供することは一切ありません。

■書籍のご注文は、お近くの書店または、ブックサービス(☎0120-29-9625
　セブンネットショッピング(http://7net.omni7.jp/)にお申し込み下さい。

6.　人類社会への提言書

現在の地球社会は「気象異変」や「自然災害」や「環境不安」や「政治不安」や「生活不安」によって人類が今までに経験したことのない様な地球規模の課題が続発している。更には「テロ」等の凶悪犯罪の激増や世界核戦争や巨大原発事故等の脅威によって人類社会は恐怖と不安の坩堝に落ちこもうとしている。又　一方では主義・主張や思想の対立から「社会の分断」が進み、「民主的な合意」を得ることが、大変困難な状況に陥っている。

こうした人類社会に潜んでいる「不安や不満」を解消することは生やさしいことではないが、危険な「パンドラの箱」は開いてしまったのであり、その収拾は人類全体の責務である。しかもこうした複合問題群を経済だけで変えることは大変に難しい。

そこに求められているのは「世界平和」であり「人権の尊重」と「格差の是正」であり「文化・芸術・宗教の振興」である。現下の「民主主義の危機」を克服する為には、この道しか残されていない。この様な地球社会の仕組みを変えることは極めて困難なことであるがこの大業をなしとげなければ500年後には「人類滅亡」の日を迎えてしまう。

かかる事態を防止する為には「対話と協調」を図って「戦争や争いごと」をなくすことであり「格差是正」を図って「平和」で穏やかな世界を構築することである。その為には「世界憲法」を制定し「世界連邦」を創設することが急務の課題である。人類社会はこの夢を消してはならない。

2018年11月3日
宮林幸雄

7. 「東三河国産バナナプロジェクト」の提言書

令和元年9月14日
㈱宮林工務店
宮林幸雄

第1節　東三河国産バナナ産業の起業

1. はじめに

　　本プロジェクトは「東三河広域連合」のネットワークを活用して地域のブランド品の「東三河国産バナナ」を生産及び販売し「地域経済の活性化」と「雇用の創出」を図ろうとしたものである。そして「人口減少と過疎」のトレンドにブレーキを掛け「シャッター商店街」をなくそうとしたものである。わが国の地方経済がこのままの状態で推移するなら「限界集落の増加」と「地方市町村の財政破綻」によって地方の経済は益々疲弊する。当地方ではかつて「豊川用水プロジェクト」という歴史的大事業を成功させたという実績があるが、再度この様なビッグで明るい事業を起こすことを提言したい。

2. バナナは戦後の高級品であった。

　　バナナ（常緑多年草　高さは2〜10m）は熱帯産の舶来品で戦後のわが国の高級食材であった。特に終戦後の何もなかった時代には、バナナは薬にも匹敵する程の貴重品であった。ある時　弟が病気になり　母が医者の往診をお願いしたところ、H医師が当時「ポッポコ」と呼ばれていたバイクを運転してわが家にやってきた。

　　弟の診察を終えた医師は、母に「バナナを食べさせればこの子は元気になる。」と言っていたのを今でも覚えている。そして「病気になれば　おいしいバナナが食べられるのだ！」と次男

の弟をうらやましく思いながら、一方では「バナナが薬になる
なんて嘘だ‼」とつぶやいていた。（しかし病状が悪かったに
拘らず　弟はそのバナナの御陰で無事に治った。当時の薬は高
価だったのでバナナがその代用品の役目を果たしていたと思わ
れる。）そして医者の乗ってきた「村で１台のオートバイ」を
惚れ惚れとして見ていた。早速その勇姿を写生する為に、画用
紙を持ち出してきてスケッチを始めた。（当時のエンピツの芯
は良く折れたが、終戦直後とはいえ物はあった。小学２年生の
頃のなつかしい思い出である。）この絵は１日では画くことが
出来なかった為、お医者さんにお願いして　弟の診察後にバイ
クの出発を遅らせる様に頼んでいたが、医師は「この絵はうま
く画けているね。」と言ってほめてくれた。その絵は自分でも
お気に入りのスケッチ画であったが、その後なくしてしまい残
念に思っている。尚　この絵がきっかけになり、中学生の頃
「宇宙エネルギーの固定と増幅」により<u>ゼロエネルギーで空を
飛ぶ</u>ことの出来るプロペラ付きの宇宙服の空想画（ドラえもん
のマンガの様なイメージ）を描くことになったが、この絵も
失ってしまった。

3.　バナナの効能について
　バナナには下記の様な効能があるという。
　　イ．果物用　　美味であり食用として利用されてきた。
　　ロ．料理用　　近年創作料理用の素材として利用されている。
　　ハ．薬用　　　バナナは薬用として利用出来るということなので、
　　　　　　　　　今後の研究により「天然サプリメント」を開発す
　　　　　　　　　れば、その経済効果は高いものが期待出来る。
　この様に医療用として利用することの出来る植物は、アマゾン
の熱帯林には多数現存していると言われているが、バナナもそ
の一つである。これを「未来の“健康食品”として利活用する
ことが出来るなら、今後の農業にとって明るいニュースになる。

尚　バナナの医療効果については下記のTV番組で放映された。

　　　CBCテレビ　　2019年6月17日（月）
　　　　　　　　　　PM 7：00 ～ PM 8：00
　　　　　　　　　　「名医のTHE太鼓判」
　　　　　　　　　　※この時の放送概要についてはTBSのホー
　　　　　　　　　　　ムページで下記の様にアップしている。

本番組ではバナナの医療効果について下記事項を紹介している。
①「輸入バナナ」では船便によるタイムロスの為バナナの皮に含
　まれているポリフェノールやカリウムの効能が失なわれている
　が、この成分をバナナの皮からゲットすることが出来れば「脳
　梗塞」を防止することが出来るという。又　バナナの「抗酸化
　作用」や「抗炎症作用」により「突然死」を予防することが出
　来るので「熱中症」にも有効である。バナナの皮の黒い斑点は
　シュガースポットと呼ばれ　その正体はポリフェノールだとい
　う。
　バナナは黒い斑点が出てから2～3日で傷んでしまうが、熟し
　てくるとポリフェノールの量は2倍位に増加する。バナナは収
　穫してからも呼吸をしている為　食べやすい大きさに切って冷
　凍すれば約1ヶ月間の保存が可能になるという。又　バナナを
　無農薬で栽培すれば皮ごと食べることが出来る。尚　輸入バナ
　ナは輸送に時間が掛かる為、幹が液を吸う前にバナナを早く収
　穫してしまうので皮が厚い。一方　国産バナナは出荷ギリギリ
　まで幹がポリフェノールの液を吸うことが出来るのでバナナの
　皮が薄くなっている。（この為国産バナナのポリフェノールの
　効果は絶大であるが、輸入バナナは幹の液を十分に蓄えていな
　いのでその効果は少ない。）
②バナナを食べ続けていれば、血圧や尿酸値を改善することが出
　来るので「痛風」を治すことが出来る。（バナナは尿をアルカ

リにして尿酸値を下げることが出来る。)

③バナナに含まれている「カリウム」は血液をサラサラにして、体の中の余分な塩分を外に出しているので　血圧を下げることが出来る。従って「高血圧」にも有効である。わが国の高血圧症は国民病の観を呈しているが（わが国の高血圧症の患者数は約1,000万人いるという。）これをバナナで治すことが出来る様になれば高齢者にとって朗報になる。

④バナナには「トリプトファン」が豊富に含まれているので　脳を休める効果がある。この為寝つきが良くなり健康生活を送ることが出来る。

⑤バナナは骨を若返らせるので「リスフラン関節症」（足に激痛の走る病気）を防止することが出来る。

この様に国産バナナを「健康食品」や「医療用食品」として販売すれば高い需要が見込まれる。又　これを地域の産業としてブランド化するならば（Ex.皮まで食べられる東三河の国産バナナ）地域経済が活性化し雇用が創出される。
しかし近年外国のバナナ産地でフザリウム・オキシポラスという真菌によってバナナの幹が枯れ　絶滅の危機に瀕しているということなので、優れたバナナの効能を引きつぐ為に当地域で国産バナナを本格的に栽培したいものである。尚　この「バナナ治療法」によって高血圧症の患者の治療が可能になれば、認知症患者の発生を抑制することが出来る。（高血圧の人は「認知症のリスク」が1.6倍位高くなると言われている。）

4.　バナナの医療用効果を引き出す為の対策
　前項のTV番組の様に、バナナの医療効果を引出す為には「貿易によるタイムロス」をなくす対策が必要になる。番組ではこの為に「早取りした輸入バナナ」に頼るのではなく「国産バナナの販売」が必要であるとして　国内の宮崎県で栽培した国産

バナナを一部の百貨店で販売している事例を紹介している。しかしこの目的の為には太陽熱を利用したゼロエネの「ソーラー温室」で42℃程度（地表温度）の温水を流せば宮崎県以外の地域でも栽培することが可能になる筈である。しかも今までの重油温室方式では燃料費がコスト高を招いていたが、この熱源を「太陽熱」に転換させることでランニングコストも下がり　温室経営を有益なビジネスに変えることが出来る。

国産バナナの栽培

夢の島熱帯植物館
（東京・夢の島公園）

特に愛知県の豊橋地方では愛知大学に農学部が出来るとのことなので、有為の若い人材を呼び込むことが可能になる。しかも当地方には豊橋技科大があるので農業分野にITやAIの技術を導入することが可能になる。又　渥美半島では「電照菊」という温室ビジネスの実績があるので、これに浜松医科大の医療と薬学の技術を導入するなら、当地域に「バナナ医薬業」という新産業を起こすことが出来る。更に当団地のグランドデザインを京都工繊大に依頼して、JR金沢駅の「もてなしドーム」や伊東豊雄氏の設計した「せんだいメディアテーク」や隈研吾氏の設計した「日本平夢テラス」の様な透明感のある斬新なデザインで団地建築の設計を依頼するなら農業と工業の融合した美しい建築が可能になる。（今までの工業団地の建物は合理主義やコストに縛られてきた為　美しい建築作品は皆無に近かった。）この様にして地域の叡智を結集すれば、次ページのネットワーク図の様な夢のあるプロジェクトを立上げることが可能になる。

東三河農業・工業団地ネットワーク図

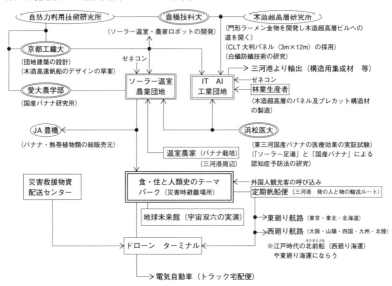

①運営母体　　　　　　　東三河広域連合（5市2町1村）
（宣伝及経理担当）　　　豊橋市　　　377,281人

　　　　　　　　　　　　豊川市　　　183,855人

　　　　　　　　　　　　蒲郡市　　　 80,451人

　　　　　　　　　　　　田原市　　　 62,364人

　　　　　　　　　　　　新城市　　　 46,285人

　　　　　　　　　　　　設楽町　　　　4,764人

　　　　　　　　　　　　東栄町　　　　3,170人

　　　　　　　　　　　　豊根村　　　　1,099人

　　　　　　　　　　　　　　　合計　759,277人

②提携研究機関　　　　　愛知大学　農学部
（研究及企画担当）　　　豊橋技術科学大学

　　　　　　　　　　　　浜松医科大学

　　　　　　　　　　　　京都工芸繊維大学　工芸学部

③提携機関　　　　　　　JA豊橋

（販売担当）　　　　　　「道の駅」の各店

　　　　　　　　　　　　豊橋商工会議所

　　　　　　　　　　　　豊川商工会議所

　　　　　　　　　　　　蒲郡商工会議所

　　　　　　　　　　　　田原市商工会議所

　　　　　　　　　　　　新城市商工会議所

　　　　　　　　　　　　設楽・東栄・豊根商工会

④加入団体（生産担当）　地元の協賛企業（組合員組織）

⑤出資者　　　　　　　　1口5万円で希望市民等から公募し、事業運営の為の基金とする。但し組合員の公平性を維持する為に、1事業者の加入口数は500口を限度とする。

⑥事業計画案

　イ．<u>「ソーラー温室」により太陽熱を利用して「国産バナナ」の栽培をし「皮まで食べられる東三河バナナ」を当地域のブランド品として売り出す。</u>

　ロ．バナナの医療効果を活用して医薬品や健康食品を開発し、農家が豊かになれるシステムを研究する。

　ハ．農家ロボットを開発し、農家の負担を軽くした農業を振興する。

　ニ．<u>「木造超高層産業」を起業して　林業を活性化し、未来の産業基盤を造る。</u>

　ホ．上記関連商品を三河港より海外に輸出する。

　ヘ．三河湾を基地にして「定期帆船便」を就航させ「航空便」（飛行機は車の5倍のCO₂を排出している。）や「トラック便」を抑制してCO₂を削減する。（当地域では「アメリカズカップ戦」を三河湾で戦った経験があるので、その時の技術力を生かして性能の優れた高速帆船を開発する。）

　ト．温室は「木造・ソーラー床暖房方式（乾燥砂及ゴロタ石併用）」とし、その敷地は原則として土地区画整理事業区域

内に限定する。又　土地の権利形態は「所有権方式」と
「借地権方式」のどちらでも叮とする。尚　経営方式は土
地建物の効率利用が図れる様に、下記を選択することが出
来る。

    a.　独立経営方式（フランチャイズ方式併用）

    b.　組合員協同経営方式

    c.　借家温室方式（バナナ農家は原則として温室の投資を
しなくても、バナナ農業を行なえる様なシステムを構
築する。）

  チ．産・学・官連携による「自然力利用技術研究所」や「木造
超高層研究所」を団地本部棟に併設する。

  リ．「省エネ」で「省CO_2」の「新しい物流システム」を開発
する。

上記の活動を行うことにより下記の経済効果が得られるので<u>「国富
の増大」を図ることが出来る</u>。

①国産バナナの医療効果により下記の病気を治して年金医療費の支
出額を軽減させることが出来る。

  イ．脳梗塞

  ロ．熱中症

  ハ．痛風（尿酸値を下げる。）

  ニ．高血圧（血圧を下げる。）

  ホ．リスフラン関節症（足の痛みをやわらげる。）

ちなみに筆者はイ.ハ.ニの治療の為に下記の薬を毎朝1錠ずつ
（計4錠）を服用しているがこの為に1年当り7,592円（1割負担
の薬代）を支払っている。従って年金の負担額は1年につき
$75,920 \times 90\%$を要していることになるが、これがバナナで治療す
ることが出来れば国は1年に1人当り68,328円の年金支出額を節
約することが出来る。しかも高血圧の患者全体（1,000万人）で
は、下記の支出額が節約出来る。

$68,328 \times 10,000,000 ≒ 6,832$ 億円

　　イ．アムロジピン錠2.5mg　　　　　　10.3円
　　ロ．アジルバ錠20mg　　　　　　　　138円
　　ハ．フェブキリスタット錠10mg　　　31.7円
　　ニ．シロスタゾール錠100mg　　　　 27.6円
　　　　　　　　　　　　　　Σ 208円（1日当り）
　　　　　　　　　　　　　　75,920円（1年当り）

②バナナ温室に「温水床暖房」を導入することにより、燃料の重油
　代を節約することが出来るので　ゼロエネ温室は燃料費を7割程
　度カットすることが出来ると思われる。このため温室経営の燃料
　を大幅に削減することが可能になる。一方この国産バナナの販売
　価格は下記の様な状況なので東三河でバナナ産業を起業すること
　により　地元農家の収入が増える。

※バナナの販売価格の比較

No.	商品名	生産国	販売地	1本当りの販売価格
1	宮崎バナナ	日本	宮崎県（九州地区）	600円
2	宮崎バナナ	日本	香港	1,200円
3	輸入バナナ	フィリピン	愛知県豊橋市	30円～60円
4	伊勢バナナ	日本	三重県伊勢市	1,000円

「ソーラー床暖房」を導入することにより温室の運営コストが下
るので、「東三河国産バナナ」は1本500円で販売しても経営は成
り立つと思われる。従って　地域の基幹産業としてブランド化す
れば　バナナ農家は安定的に高い収益を得ることが出来る。
③下記の手順で効率的な生産をすることにより、温室経営のイノ
　ベーションを図ることが出来る。
　　イ．ソーラー温室の建設（太陽熱の利用と温室の温度・湿度・
　　　　採風の自動制御）
　　　　※宮崎県の農家の方は1億円をかけて「バナナ温室」を造
　　　　　られたということであるが、豊橋技科大で「宮崎温室」
　　　　　に負けない様なハイテク温室の開発をお願いする。

　　　　　　　　↓

ロ．バナナの植栽

　　　　　　　　↓

ハ．バナナの採取（自動採取機の導入）

　　　　　　　　↓

ニ．バナナの自動洗浄と商品の検査

　　　　　　　　↓

ホ．バナナの自動包装

　　　　　　　　↓

ヘ．出荷　三河港より「高速帆船（定期便)」を利用して全国
　　に出荷する。
　　※江戸時代の帆船を復活させて「風力」と「波力」の自然
　　　エネルギーを導入することによりCO_2の排出量を削減
　　　する。

この様に当地域でバナナ産業を起業し　健康食品及び医療用と
して販売することが出来れば、農家の所得は大幅に増加する。
(当地域の農業生産高は　全国一の実績を誇っているがこれに
バナナ産業が加わることにより　当地の農家の経営基盤が更に
強化される。)尚　住宅の「ソーラー足湯（給水は井戸水を利
用して水道代の節約を図る。)」に使用した温水をこの「バナナ
温室」に引き込んで$\phi 50$の多孔管（ℓ=3.6m）で給水散布用
として利用する。又　温室内に「ソーラー床暖房」を敷設して
「足湯」と「国産バナナ」をセットで導入することにより、新
しい医療効果を期待することが可能になる。本来「足湯」は免
疫効果を高めると言われているが、他にも脳内の血流を促進さ
せることにより「認知症予防」を期待することが出来るかも知
れない。特に「認知症問題」は「CO_2問題」と共に人類社会に
投げ込まれた時限爆弾であり　その対策は急務を要する課題で
ある。(この先　認知症患者がどんどん増えていけば、社会が

機能しなくなり国家の経営が行きづまる。）この難病を撃退する為に、毎朝「ソーラー足湯」で足を温めながら「東三河国産バナナ」を皮ごと1本食べることにより（バナナ健康法）血液がサラサラになり、足裏で循環ポンプが働いている様に脳内の血行が良くなる。そしてこの「血流改善」により、脳内の認知機能の細胞が活性化して「認知症」の症状が良くなる可能性がある。又 「国産バナナ」で脳内血管の血流を良くし 自律神経のバランスを整えることが出来るなら、認知症患者にとって吉報になる。尚「ソーラー足湯」は「個人住宅用」としても有効であるが、地域の「サービス付き高齢者住宅」等の福祉施設に導入すれば入居者の健康を増進させることが出来ると思われる。

「日本平夢テラス」（設計　隈研吾氏）より眺めた
富士山（3776）と駿河湾の絶景（撮影　2020.1.2）

第2節　木造超高層産業の開発計画案

1. 地球環境問題と林業再生
   近年は地球全体の環境問題が起こっていて水不足や食糧不足・海洋汚染・大気汚染・種の絶滅・地球温暖化等の「世界的危機」が危惧されている。これらの問題は全地球的な課題であり、一国のみで解決することは出来ない。今こそ世界が一つになって取り組まなければ<u>100年後にはこの地球は人間の住めない星になってしまう。</u>そうなれば人間は宇宙船の様なカプセルハウスに住まなければ生きていけなくなる。（<u>人間がそんな閉鎖空間に閉じ込められていれば、精神異常者や感染症患者が続出する。</u>）
   一方　わが国及び当地域は林業に適しているので、わが国が「林業再生」に取り組むなら世界の環境問題が少しずつ改善する。即ち　わが国は国土の68％が森林であり世界第4位の森林大国である。<u>この優位性を生かしてわが国が「林業再生」に取り組むなら「CO_2の排出量削減」によって「地球温暖化問題」にブレーキを掛けることが出来る。</u>そうなれば<u>当地域の「奥三河」は林業の聖地になる。</u>（幹線道路沿いに「林業の聖地・奥三河にようこそ」と表示した絵看板を立てて当地域をPRする。）

2. 気候変動による気象災害の多発
   今　世界中で前項の「<u>地球温暖化</u>」による「<u>気候変動</u>」が起こっていてその結果　気象災害が多発している。そしてわが国の近海では毎年の様に台風が頻発しその規模も大型化している。又　一方では台風の上陸により「河川の氾濫」や「土砂災害」や「豪雨災害」等を起こして市民生活を脅かしている。この原因は<u>CO_2の排出増によって地球温暖化が進み、太平洋の海面水温が上昇していること</u>による。そして<u>低気圧が発達して台風</u>

が大型化している。これを図式化すると下記の様になる。

CO_2排出量の増加→地球温暖化→太平洋の海面水温の上昇→
海面の高熱化による異常低気圧の発達→超巨大台風の上陸→台
風被害の多発（河川の氾濫・土砂災害）

この結果をうけてこれからは「スーパー台風」という超巨大台
風が太平洋上で発生することになる。ちなみに気象庁の2019
年9月3日付のホームページでは日本近海の海面水温の温度は
P159のコピーの如く30℃という高い数値になっている。もし
もこの海面水温の温度が　今後33℃位まで上昇するなら、明
治以降で最大の犠牲者を出した伊勢湾台風（最大瞬間風速
55.3m/s）の2倍位の凄い台風が日本に上陸する恐れがある。
もしもこんな強烈な台風がやってくるならこの強風による倒壊
建物は恐ろしい棟数になる。しかもこの「伊勢湾台風の2倍の
台風」はこれからの10年以内に起こっても何ら不思議ではな
いので、その対策は「待ったなし」である。尚　本例に似た巨
大台風は、2013年11月8日にフィリピンの沖合で発生してい
るが、この時の最大瞬間風速は90m/sであったという。
わが国でもこの海面水温があと3℃アップすれば風速100m/s
超のスーパー台風が発生して建物や送電鉄塔・鉄橋等が倒壊し
甚大な被害を被ることになる。しかもその原因がCO_2という
「温室効果ガス」によるものであることを思えば「パリ協定」
を一日も早く実行に移したいものである。何れにしろこの「地
球温暖化」に歯止めをかけなければ、この先人間は生きていく
ことが出来なくなる。

3.　CO_2の削減対策
　前項の自然災害を阻止する為の唯一の対策は「CO_2の削減対
策」を実行に移すことである。しかしこの対策は一国のみの力

では限界がある。しかも隣国の中国では、過去だけでなく今も大量のCO_2を排出しているのであり、わが国がいくら努力してもその成果の出る可能性は乏しい。しかし一つだけ効果を期待することの出来る対策がある。それは空想論かも知れないが下記の理由により鉄骨造の建築構法を排除して　木造による高層ビル建築に切り替えることである。

人類は大昔から鉄鉱石を採取して鉄を製造する技術を獲得していた。そしてその鉄を使って農機具や武器を造ることを覚えた。その後　軍拡競争が激しくなり軍艦や戦車を製造し、今や「超高層ビル」という建設分野で大量の鋼材を使用している。

この様に鉄は今まで「産業界の米」として重視されてきたが、この鉄の製造過程で大量のCO_2を排出してきたのであり、この「鉄骨超高層ビル」を排除することが可能になれば「CO_2削減」を実現させることが出来る。しかも「鉄骨超高層」から「木造超高層」への大転換を断行することにより　今のタワーマンションの建築費の2割程度をダウンさせることが可能になる。（建物の重量が軽量化すれば工事費は下がる。）その上　森林でCO_2を吸収し　一方で酸素を地球に供給することが出来るので、環境面でのプラス効果は高いものになる。又　林業が活性化することにより、山間地の地方経済がうまく廻る様になるので「人口減少社会」の進展をストップさせることが出来る。

4.　「木造超高層産業」の到来

わが国が森林資源を生かして「木造超高層ビル」を建設することが出来る様になれば、林業が復活し山間地の過疎問題が解決に向かう。現実にもわが国の住友林業住宅が70階建の木造超高層ビルを現在開発中であるが、恐らくは10年後位にはこの新技術を使って本格的な「木造超高層ビル」が実現するものと思われる。そしてその暁にはわが国で「木造超高層産業」が勃興する。そうなれば今までの「自動車産業」に変わって「木造

超高層産業」がわが国のお家芸になり、木造運搬船が日の丸を
つけて世界の海を駆け巡ることになる。

この様にこれからはCO$_2$の排出量を抑制する為には鉄の利用
をセーブしなければならない。その為には「鉄骨建築」にブ
レーキを掛け「木造超高層産業」を起業させる必要がある。こ
うして林業が復活することにより、環境問題と経済問題が一挙
に解決する。そして第1章と第2章のプロジェクトが実現の運
びになるならば、当地方の農業と林業が相乗的に発展し、地域
経済が活性化して「雇用創出」が軌道に乗る。このことは目先
の「年金問題」についても朗報になる。こうした社会的効果は
複合的に作用するので、そのメリットは高いものになる。尚
わが国では平成24年9月に「都市の低炭素化に関する法律」が

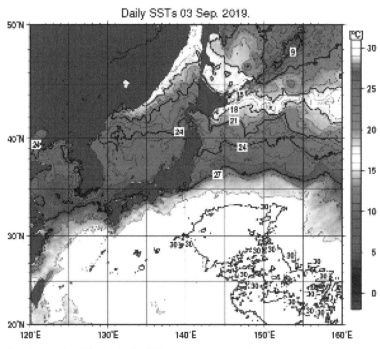

気象庁発表の「日別海面水温分布図」（2019年9月3日）

制定されているが、わが国が「鉄骨超高層」を排除して「木造超高層」に舵を切ることにより、わが国は世界に誇る「低炭素化社会」を構築することが可能になる。そしてこのことが実現するならば、人類社会にはびこっている「深刻な危機」を排除することが可能になる。

5.　太平洋の現状の海面水温
　　近年　台風が頻繁に起こって各地で台風被害が多発しているが、これは「自然現象」ではない。人間が台風や大洪水を製造しているのである。即ち「CO_2放散」がひどくなって上図の「海面水温」が上昇したことに起因している。要するに地球温暖化によって海面水温が高くなれば異常積乱雲が発達して巨大台風（スーパー台風）が発生する。従って「CO_2ゼロ社会」を実現させない限り、巨大台風は増え続けていく。そして益々大型化する。この様に「温暖化の危機」は、日本列島のすぐ近くまで迫っている。
　　又　「低炭素化社会」への道筋をつけない限り人類はこの様な豪雨災害（河川の氾濫・家屋の浸水・田畑や集落の冠水）や土砂災害や森林火災や断水・停電等から逃れることは出来ない。それ所かこうした「自然災害」は今後益々大規模化して国家財政に重大な悪影響を及ぼすことになる。かつて利根川の「スーパー堤防」の計画案が発表されたことを記憶しているが、完成するまでに400年も要していたのでは完成時には人類は滅亡しているかも知れない。それに1兆円超の多額建設国債をどうやって返済するのであろうか？（次代を担う若者達にこの借金を先送りすることは許されない。）とにかく人類は「気候変動問題」の解決に向けて一刻も早く取り組まなければならない。そして人類の叡智を結集して「地球温暖化問題」を解決し、大洋の「海面水温の上昇」をくい止めなければならない。

第3節　地球温暖化対策

1. 地球環境の現状

「地球温暖化」の進行に伴い、今　地球上では下記の様な凄い気候変動が起こっている。

〈気候変動の脅威〉

巨大台風（ハリケーン・サイクロン）・竜巻・突風・高潮・50年に1度という記録的大雨・ゲリラ豪雨（大洪水）・道路や田畑の冠水・土砂災害・落雷・森林火災・熱波・ダムの水不足・永久凍土の融解・エルニーニョ現象・<u>海面水温の上昇・地球温暖化に伴う異常低気圧の発達（積乱雲）</u>

こうした気候変動の結果　TVでは下記の様な惨状を放映している。

〈異常気象による災害事例〉

屋根や外壁が飛ばされた全壊に近い建物・ゴルフ練習場防護ネットの鉄柱の倒壊により16戸の隣家がつぶされた・停電によるエアコン停止に伴う熱中症患者（高齢者）の死亡・電柱や樹木の倒壊・送電鉄塔の破壊・屋根瓦の飛散とブルーシート掛け・大規模停電・河川の氾濫・道路冠水の為住宅や観光バスの屋根上で救助を待っている避難民・店舗及び工場の床上浸水・土砂崩れ現場での自衛隊員による救出作業・倒壊建物での救助活動・ボランティアによる泥出し作業

恐ろしいことにこれらの自然災害は現実に起こった出来事であり、現今のCO_2の状況では<u>こうした巨大台風はこれからどんどん増えていく。しかも毎年毎年台風は大型化し、地上の建物を次次となぎ倒していく。</u>前項でも触れた様に、<u>もしも太平洋</u>

の海面水温が33℃程度まで上昇するなら、戦後最大の犠牲者（死者　5,098人）を出した伊勢湾台風の2倍の風速の大暴風雨が吹き荒れるかも知れない。（現実にも今年の9月9日に千葉県を襲った台風15号の瞬間最大風速は57.5m/sという巨大台風であったという。）しかもこれからやってくるスーパー台風には上限値はないのであり、強度の弱い建造物は吹っ飛んでしまう。その様な「神も仏もない」という荒涼とした風景は「恐ろしい」という一言に尽きる。

尚「地球温暖化問題」は「自然災害」だけでなく、下記の様な深刻な問題を抱えている。アルプスの高山に棲息しているライチョウは「過酷な氷河時代」を生き延びることは出来たが、果たしてこれからやってくる「地球高温化時代」を乗り切れるであろうか。又　スイスのマッターホルン(4477)は氷や雪の衣裳でその山容を美しく着飾っているが、これから先もその姿を登山者や旅行者に見せてくれるであろうか。この様に今の地球は現況ですら大きな不安を抱えているが、これから20年後位には突然変異が起こって異常積乱雲による「地球高熱化」が突発的に起こり、下記の様な「恐ろしい未来」が到来する恐れがある。この様に「地球温暖化の危機」は日に日に近づいているのであり、人類はこの認識を共有しなければならない。そして世界が一つになって「地球温暖化問題」に取り組まなければならない。

2.　地球環境の未来
　・飢饉（農作物の不作による食料不足）
　・干ばつ（河川やダムの水不足）
　・土地の砂漠化、ゲリラ豪雨
　・自然資源の枯渇（砂の不足・地下水の不足・雪不足）
　・漁業の衰退（海水温の変化や放射能汚染水による漁場の喪失）

・異常気象の増加（巨大高潮・バッタの大量発生）

・CO_2排出増による気候変動（巨大台風の頻発と大型化）

・日本近海の海面水温が33℃超となりスーパー台風が日本に上陸する。利根川の氾濫による水源地の冠水（首都圏水没）

・北極圏の温暖化により北極の棚氷が溶けて住む場を失った白熊が絶滅する。

・空家建物数の増加（固定資産税の減収・行政代執行による解体工事費の増加）

・安全住宅の不足（建物の強靭化に関する建築基準法の大改正）

・廃業と企業倒産の多発（大不況）

・失業・雇用崩壊（ハイパーインフレ）

・年金制度の破綻（ホームレス・医療崩壊）

・貧困・格差の拡大・テロの増大

・難民・民族紛争の多発

・難病・感染症の増加（ウイルス被害・デング熱・豚コレラ）

・氷山の崩落と氷河の消失

・永久凍土の融解による地盤崩壊

・熱帯雨林の消滅、森林火災（異常乾燥）

・オゾン層の破壊

・大地や湖の酸性化

・海洋汚染（プラゴミ汚染）

・酸性雨・大気汚染・黄砂

・氷山の溶融による海面水位の上昇（陸地及島の水没）

・原発事故による放射能汚染（市民生活の破壊）

・犯罪の増加に伴う生活不安（治安悪化）

・自殺者の増加（いじめ・ひきこもり・失業・生活苦）

・地球高熱化に伴う大地震の勃発

・経済優先と軍事優先に伴う紛争の拡大（戦争）

・国家の財政破綻（非常事態宣言による大増税）

・生態系の大破壊（今は1年に4万種の生命が絶滅しているという。）
・世界恐慌（貿易戦争・経済の大混乱）
・世界政治の機能麻痺（核戦争）
・地球の大破壊（地球温暖化という「時限爆弾」の炸裂）

　※この様な現状を放置しているなら、国民は疲弊し国家は破産する。

こうした「人類の危機」に当り、スウェーデンの16歳の天才女子高生のグレタ・トゥンベリさんは、毎週金曜日に学校を休んで「地球温暖化防止」の1人デモを国会前で行っていたという。又　このデモのアピールに共鳴した多くの学生のデモが広がり「温暖化という人類最大の危機」をくい止めようとしている。そして16歳の若者の訴えが、世界の人々の心を鷲づかみにしている。この動きにあやかり、私は下記の提言書を発信する。

3.　緊急提言書
今　地球は二酸化炭素による「地球温暖化」の為に今までに経験したことのない様な大規模な気象災害に直面している。しかし1997年（平成9年）の「地球温暖化防止京都会議」以来CO_2の排出削減交渉は難航している。それどころか米国のトランプ大統領は「経済優先」と「自国第一主義」により「パリ協定からの離脱」を表明している。要するに「経済の歯車」と「環境の歯車」がうまくかみ合っていない。とにかく1日も早く「CO_2ゼロ社会」を実現しなければ、これからの人類社会に未来はない。そして人類はこの時代的大転換期をどう乗り切るかということが今問われている。
しかしこの難局に当りグレタさんという女神がこの地上に降り立ち　国連の環境会議で力強い演説をした。グレタさんは8才

から「地球温暖化問題」という難解なテーマに取り組んできた
ということであるが、この運動は「香港デモ」の様に「社会に
革命をもたらす」ものである。この意味にならって私は下記を
訴えたい。

その1　「地球温暖化」を阻止して気候変動問題を解決する。
　　　　この為「CO_2ゼロ」を実現して大洋の海面水温の上昇
　　　　を抑える。もしも海面水温が33℃超になれば、この
　　　　地球は大規模気象災害に見舞われて地球上では農業も
　　　　漁業もなり立たなくなる。そして地球は人の住めない
　　　　ホシになる。
　　　　※「CO_2ゼロ対策」のシナリオ
　　　　　①発電用エネルギー（原子力・石炭火力等）を全て
　　　　　　「再生可能エネルギー」（太陽光・風力・波力・バ
　　　　　　イオマス等）に切替える。
　　　　　②「鉄骨超高層」から「木造超高層」への大転換を
　　　　　　図り　鉄の消費を抑制する。
　　　　　③ガソリン車の生産を制限して化石燃料の使用を減
　　　　　　らす。
　　　　　④「高速帆船航路（ドローンターミナル併設の定期
　　　　　　便）」を開き、飛行機とトラックの利用を抑制す
　　　　　　る。
　　　　　⑤耕作放棄地等の未利用地に桧の植林をして「木造
　　　　　　超高層ビル」の資材にする。
　　　　　⑥住宅建築の「構造計算（500ガル以上）とゼッチ
　　　　　　仕様（100㎡以上）」の義務化（「耐震性能」と
　　　　　　「断熱性能」が一定水準以下の家は「確認申請」
　　　　　　を降ろさない。）

その2　「世界の非核化」を実現してこの地球を戦争のないホ
　　　　シにする。（核戦争は「人類の滅亡」を招く。）
　　　　※スポーツにならって国際間の厳格なルールを制定す

る。

その3　「脱原発」を実現してこの地球を安全で安心なホシに
する。（原発事故は地域住民の健康と地域産業を破壊
する。そして国家の財政を破綻させる。）

その4　「世界憲法」を制定し「世界連邦」を創設してこの地
球を平和で楽しいホシにする。

その5　人類社会がこれからの未来を変えなければ、人類はあ
と500年で滅亡する。（宇宙双六説）

4.　むすび

私は学生時代にワンダーフォーゲル部に入っていたので、常に
「自然環境問題（自然との調和）」を身近に感じていた。その関
係で卒業設計のタイトルは「雲表に建つ休暇村」と決めていた。
要は「山上の楽園の〈雲の平〉の秘境を守る為には、どんな建
築が求められるか？　又どんな制限が必要か？」ということで
あった。

この為昭和39年9月に北アルプスの現地調査をしようと思い立
ち、下記の様な「単独行による北アルプス縦走」を計画した。
「北アルプスの1人歩き」については前年の夏に「後立山縦
走」のパーワン（グループ登山）に参加していたのでのんきに
構えていたが、先輩から「9月のアルプスは荒れるゾ」とのア
ドバイスをいただき、訓練の為に京都北山の「夜行（徹夜）登
山」や、テントを持参しての比良山での「ビバークの練習（寝
袋での野宿）」を行うことにした。実際には「熊が出没中」と
の注意看板を目にしたので　ビバークは中止にしてテントの世
話になった。しかし夜になってテントの周辺に熊が近づいてき
た。そしてカレーライスの残飯を舐め廻している音を耳にした
のでこわい思いをした。テントという障壁があったとはいえ、
熊までの距離は30cm位であったと思う。（この日は疲れていて
体調は良くなかったし、テントの中には熊と戦える様な武具は

なかったので心細い思いをした。）

　　槍ヶ岳（3180）―雲ノ平山荘（約2400）―ジャンダルム
　　（3163）―穂高岳（3196）―前穂高岳（3090）―河童橋（約
　　1500）

この「北アルプス縦走」は、雲の平の美しい大平原や高山植物
やライチョウを見るのが目的であったが、大自然のすばらしさ
を守る為には国が動かなければ駄目だと思い、その後「環境庁
新設構想」の論文を書いていた。（環境庁はその7年後の1971
年7月に設立されている。）先輩のアドバイスの如く前穂高の
山頂では猛烈な台風に遭遇し、道に迷ってしまった。（アルプ
スの強烈な台風の中では3m位の先が見えないし、岩にしがみ
ついていても体ごと吹き飛ばされそうになる。）とにかく手に
持った地図が役に立たない中で、道なき道をヘトヘトになって
谷を降り　上高地の河童橋にたどり着いた頃には太陽はかげり
始めていた。そこでは前夜に穂高山荘で同室だった仙台の電々
公社の山岳部の方が小生の帰還を待ってくれていて「この橋に
着くのがもう30分遅れていたら地元の警察に救助隊を要請す
るつもりでいた。」という暖かい言葉を聞き、己の浅はかさを
後悔しながら一方では命が助かったという安堵感にひたりなが
らモノも言えずにうなだれていた。又　ひどかった台風も去り、
橋の上は今までの風が嘘の様に穏やかであった。このアルピニ
ストの方と山荘のオーナーである伊藤さんという2人の大ベテ
ランの方がそろって「今日は計画を変更して山を降りた方がい
い。」とのアドバイスをいただいていたにも拘らず「初志貫
徹」で只1人（他の2～3人の宿泊者は全員下山した。）山小舎
を後にしてしまったのである。そして上高地の橋の上で我に
帰った時にはその電々公社の方はもういなくなっていた。情け
ないことに一言のお礼の言葉を述べることもなく別れてしまっ
たのであるが、このことは50年以上経った今でも後悔してい
る。

ところで10月になっても、私の卒業設計の図面は全くの未着手であったので（クラスメートはもう何枚も仕上げていた。）教室の主任教授からの呼び出しを受けて「君の卒計はどうなっているのか？　又卒業するという意志はあるのか？」と問いただされ、やむなく「環境庁新設計画案の草案をこの様に書いている所です。」と言って新環境庁のシナリオを机の上に広げると「そんなテーマは建築の仕事ではない。何を勘違いしているのか！」とひどく叱られた。（本件についてはクラスメートやワンゲル部員の方の応援をいただいて無事卒業設計の図面を提出することが出来た。サポートしていただいた皆さんには、大変お世話になりありがとうございました。）尚この時の「環境庁創設」の構想はやがて「豊橋遷都論」に飛火し、その後「世界憲法論」や「世界連邦論」へとつながっていった。
一方ではこの「雲の平」の卒業設計がきっかけになり、「地球環境問題」や「人類滅亡論」（1993　宇宙双六 300億年の旅）にとり組むことになった。又アル・ゴア（元米副大統領）の「不都合な真実」（2007）に感銘を受けることになった。そして今16才の女子高生のグレタさんの叫び声に心を動かされている。今年の「ノーベル平和賞」はこの天才女子高生だ！

2019・9・25
宮林幸雄

追記（2019・10・15）
残念なことにグレタさんのノーベル賞受賞は実現しなかった。しかし「CO₂問題」の解決策はこの様な若者の力によりやがて実現するものと思う。でないとこの地球は「人間が住めなくなる」という悲劇にぶつかる。その意味ではこのグレタさんの叫びは「神よりのメッセージ」である。
ところで2019年10月12日（土）に台風19号が静岡県の伊豆半島に上陸し各地に甚大な被害をもたらしたがこれは「CO₂問題」から逃

げていると、この様な大規模な気象災害に遭遇するということの証左である。

特にわが国は世界でも稀に見る「超高齢化社会」に突入しているのであり、年金・医療費・介護費の出費はこれからうなぎ昇りに上昇していく。その上このコストに「河川の氾濫」や「土砂災害」や「地震」・「防災」・「インフラの老朽対策費」や「自国第一主義」や「国際関係の悪化」による軍事衝突を考えるなら「未来に先送りしている課題」は余りにも多い。世界は今　この「大きな渦」に巻き込まれようとしているが、人類社会は次の一手をどう打とうとしているのだろうか。少なくともこの様な難局に当り、軍備を増強したり戦争をすることは断じて許されない。一方世界がこの様な切迫した事態に直面しているにも拘らず目先の「お金」や「経済」のことばかりを優先して「平和や環境」の問題をないがしろにしていることに強い憤りを覚える。

わが国は江戸時代の末期には260の独立した藩があったが、それを「1つの国家」にしたという輝かしい歴史がある。(1871　廃藩置県) この例にならい世界の約200の国々を一つにして「世界連邦」を創設し、平和な「世界政府」を作ることを切に希望する。そして軍事力や経済力による「力の支配」ではなく、「法（世界憲法）の支配」で「戦争やテロの根絶」を実現させる。又「地球温暖化問題」や「人権問題」や「飢餓・貧困問題」といった「地球規模の問題」の解決を図り「戦争のない平和な時代」の到来を祈願する。

5.　宮林幸雄の願掛けのぼり

原発ゼロとCO₂ゼロで
安全で安心な国づくりをしよう。
そして　**世界憲法**を制定し　**世界連邦**を作って
戦争と核兵器をなくし　**世界の平和**を実現しよう。
平和と繁栄は　人類が生き抜く為のパワーの源泉である。

<u>※20ミリシーベルトで本当に大丈夫か？</u>
わが国の復興庁は放射線防護に関する基準の見直しを行い、一般公
衆の実効線量を1年間に20ミリシーベルトにした。今までのわが国
の基準では1ミリシーベルトに定められていたものを一挙に20倍に
までに規制をゆるめてしまい「もう安全だから避難所から帰って下
さい。」と言っているのである。これは「モリカケ問題」のごまか
しどころではない。政府は「1ミリシーベルトの基準」ではクリ
アー出来ないことが分かってきたので、一気にハードルを下げたの
である。しかもこのことについてこれは「国際基準として最も厳し
い値である」と「嘘っぱちのコメント」をつけ加えている。33年
前に起こった旧ソ連の「チェルノブイリ原発事故」では今も「5ミ
リシーベルトの基準」を守って汚染区域を「立入り禁止」にしてい
るのにわが国はその数字よりも4倍の甘い基準線を引いて「もう数
値は安全値になったのでこれからは元の生活を送って下さい。」と
呼びかけているがとんでもない暴挙である。こんなことをしていた
ら　わが国は国際社会からの信用を失ってしまう。「モリカケ」で
は公文書をクロヌリにして勝手に内容の変更をしているが、この様
なことは許されることではない。又「桜を見る会」の招待者名簿を
シュレッダーにかけて隠蔽しているが、公文書が権力者の都合に
よって勝手に修正することが出来るなら、民主主義の根幹は崩れて
しまう。
しかも今回の「放射能規制値の緩和」は国民の命に関わることであ
り、未来のある子供たちの健康を犠牲にする問題である。国会は一
刻も早く「原発再稼働」を見直して「原発ゼロ法案」を可決してい
ただきたい。そして「原発ゼロ」と「CO_2ゼロ」をわが国の「国
是」にしていただきたい。又　たまり続けている「汚染水」につい
ても、政府はこのまま太平洋に流すことを検討しているが、こんな
国民と漁師を泣かせる様なことはやめていただきたい。（これは風
評被害ですむ問題ではない。）このことについて復興庁では「世界

でも例のない困難な技術課題を抱えている。」と泣き言を言っているが、そんなことは「放流を可とする。」という理由にはならない。

第8章　人類滅亡

1.　人類社会の未来について

2006（H 18）年　宮林幸雄

世界の動向は「市場開放」で「競争」を促進し「経済効果」を高めようとしている。しかし今の様な「経済優先」や「環境汚染」や「健康破壊」を続けているなら、人類はあと500年で滅亡する。
しかもその改革の為に残されている時間は50年を切っていて、その後においての手術では手遅れになる。この様に人類社会はこのままでは「存亡の危機」のレッドゾーンに突入する。

〈人類社会の抱えている諸問題とその連鎖図（2006年版）〉
現下のわが国や国際社会に突きつけられている複合問題群をどう解決するか。（a・b・c・d・eのルートの「危機の連鎖」を断ち切る様な大胆な改革が望まれる。）

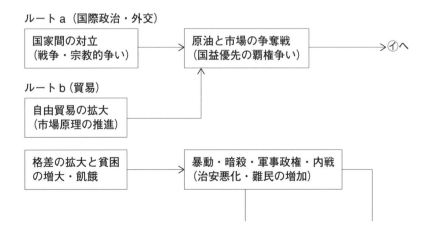

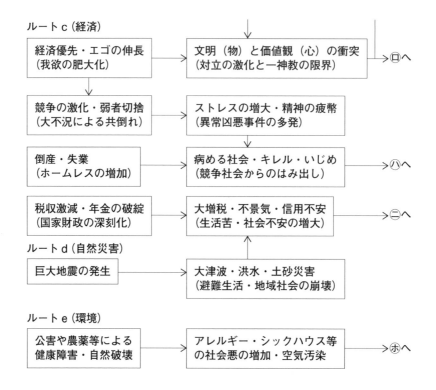

ルートc（経済）

経済優先・エゴの伸長 （我欲の肥大化）	→	文明（物）と価値観（心）の衝突 （対立の激化と一神教の限界）	→⑩へ

競争の激化・弱者切捨
（大不況による共倒れ） → ストレスの増大・精神の疲弊
（異常凶悪事件の多発）

倒産・失業
（ホームレスの増加） → 病める社会・キレル・いじめ
（競争社会からのはみ出し） →⑩へ

税収激減・年金の破綻
（国家財政の深刻化） → 大増税・不景気・信用不安
（生活苦・社会不安の増大） →⑩へ

ルートd（自然災害）

巨大地震の発生 → 大津波・洪水・土砂災害
（避難生活・地域社会の崩壊）

ルートe（環境）

公害や農薬等による
健康障害・自然破壊 → アレルギー・シックハウス等
の社会悪の増加・空気汚染 →⑩へ

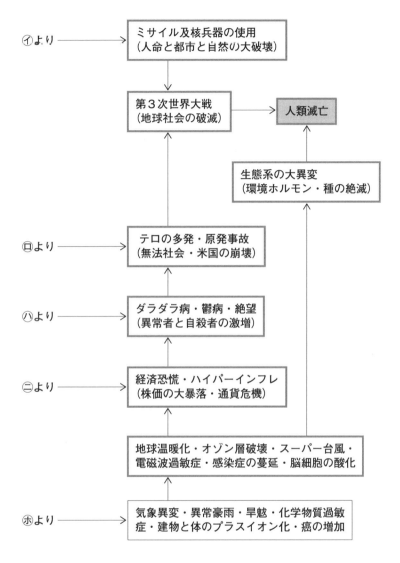

- ☐内は既に起こっている出来事で☐内はこれから起こる恐れのある出来事を示す。
- 「ダラダラ病」は筆者の命名（平成18年）で下記のルートにより発症する。
  化学物質過敏症　→　電磁波過敏症　→　ダラダラ病

2. 21世紀の課題

人類社会に迫っている脅威は下記の様に極めて深刻であり、そこに
は時間的猶予は幾許も残されていない。

こうした世界的課題は自然災害とは異なり、人間の「我欲」に起因
している。従って人間の意識を変えることにより、その多くは解決
に向う。又　世界の「戦争放棄」の声が一つになるなら真の世界平
和が実現する。

①国益優先の高まりから核兵器等の開発競争や戦争がこれから勃発
　するが、5大国の拒否権を認めている国連では解決出来ない。
　（国連には絶対権が与えられていない。）

②地球温暖化の加速や原発放熱水による「海面水温の上昇」で風速
　100m/s級のスーパー台風が増えて、洪水や土砂災害や山崩れや
　地震や噴火や森林火災等の自然災害が多発する。

③株価暴落や格差拡大により、現下の資本主義社会が間もなく崩壊
　する。（資本主義社会の終焉）

④国家財政の破綻（国債の暴落と長期金利の上昇）

⑤価値観の不調和（完璧主義や自己中心的なわがままな主張）

⑥経済に関わるストレスや仕事のトラブルによる心労が重なり、認
　知症や鬱病や癌が増えて健康的な心身を維持することが困難にな
　る。

⑦原発事故による放射能汚染やリニア新幹線等による電磁波公害に
　より、人体に重篤な影響が及ぶ。

⑧このままでは世界がダメになる。そしてこのままでは人類は滅び
　る。

3.　世界憲法の制定について

宮林　幸雄

「世界連邦運動」は各国の軍備を不要にし　悲惨な戦争をなくして世界の恒久平和を実現させようとする活動で現在28の国と地域がこの運動に参加している。一方　「世界憲法」は「世界連邦」を実現させる為の青写真を形にしようとした人類の宝典で、1945年（昭和20年）に米国・シカゴ大学総長のロバート・ハッチンス博士らのグループにより　その研究（世界憲法シカゴ大学案）がスタートしたがその後数々の「世界憲法草案」が発表されている。

今の人類社会は「戦争」と「原発」と「地球温暖化」と「資本主義社会の行きづまり」によって人類滅亡という「大破壊の危機」に直面しているが「世界憲法」が制定されれば、これからすばらしい未来が開けてくる。「核兵器廃絶と戦争放棄」と「脱原発」と「地球温暖化防止」と「格差是正」の四大テーマは、世界の「人類の課題」であるが、この課題を今世紀の前半で解決しなければ人類はあと500年で滅亡する。

この地球は隕石等の衝突により過去に5回もの大量絶滅（Ex. 恐竜の絶滅）の危機に瀕してきたとされているが、これは「天体異変」という「神の領域」での出来事であった。しかし　これから起こるかも知れないと言われている「核戦争」や「生態系の異変」は人為的行為という「人の領域」での出来事である。そして「世界憲法」と「世界連邦」はこの問題に解決の道筋をつけようとするものであるが、この先6回目の大異変による「大量絶滅」を阻止して「人類滅亡」を避けることが出来るであろうか。

東海道本線・二川駅の木造駅舎

明治29年に開業した東海道線の最古の駅の写真である。(今は建替えられている。)

本駅は日本の国土軸の中心にあるという理由で「豊橋遷都論」の重要拠点であった。(この時点では筆者はリニア新幹線の賛成派であったが、のちに電磁波問題から反対派に鞍替えしている。)

第9章　世界連邦大統領

1. 「トランプの壁」のオソマツ

アメリカの第45代大統領のドナルド・トランプはアメリカとメキシコの国境に「トランプの壁」を造るというとんでもない政策を表明している。壁は社会を分断するものであり、周辺の環境を劇的に変える。そして地域社会に甚大な影響を及ぼす。歴史的にも中国の「万里の長城」やドイツの「ベルリンの壁」の施工例があるが、前者は外敵の侵入から国民を守り、後者は国家の政治的自立を保つ為に　それなりの役目を果たしてきた。しかしこの「トランプの壁」は「イスラエルの高さ8mの分離壁」と同様な「国家エゴ」の象徴であり、国際社会はその存在意義を容認しないものと思う。そもそもトランプ大統領は「アメリカファースト」であり「自国第一主義」である。しかも地球全体のことを考えずに「パリ協定」からも離脱した上、これから「宇宙軍」を作るといきまいている。「パリ協定」から離脱することにより南極大陸の氷が溶けてしまえば、アメリカの都市部のある平野のほとんどは海に沈んでしまう。これでは「アメリカファースト」は何の利益も生まない。又　こうした風潮が続くなら世界平和と世界経済は絶望的な結末を迎える。
軍事面と経済面で超大国のアメリカがこの様な身勝手なスタンスでは、世界中で争いが絶えなくなり世界が一つになることは出来ない。アメリカのような大国は世界の「平和」と「人権（自由）」と「環境」を守る社会的責任があるのであり「アメリカの国益」と「自分の支持票」のみを優先していたのでは余りにもオソマツである。もっと大きな目で世界と向き合って「地球社会全体の安全と人類益を守る」べきである。少なくともこういう「自国ファースト」の独裁主義者は世界連邦大統領としてはふさわしくない。又　過去のアメリカ大統領にはこの様な軽い発言（失言・暴言）をする大統領はいなかった。

2. 世界連邦大統領の適任者について

2017・9・17
宮林 幸雄

私は世界連邦大統領の選任に当っては、下記の様な資質を持った「天才」を世界連邦大統領として推薦したいと思っている。尚「政教分離」の見地から原則として特殊な宗教家は除外する。

①聖徳太子（政治家　日本　574 〜 622）
太子の「和」の精神を地球社会に持ち込むなら「争い」のない人類社会を実現させることが出来る。

②千利休（茶匠　日本　1521 〜 1591）
毒蛇や猛獣がウジャウジャいる戦国社会の中で、武器も持たずに「茶の湯の美学」という文化力で時の政権と戦ってきた利休の心の強さはあっぱれである。こうした強い精神力で世界政治に対処するなら、人類社会に「明るい未来」がやってくる。

③徳川家康（江戸幕府初代将軍　日本　1542 〜 1616）
「元和偃武」を発令して世界で初めての「軍事力解体」を断行した。この功績は世界初の「ノーベル平和賞」に値する快挙である。この様に「戦国時代」から「平和な江戸時代」への大転換の基礎を築いた家康のガバメント力は高く評価される。

④カント（哲学者　ドイツ　1724 〜 1804）
哲学を政治の世界に導入することが可能になれば「世界の恒久平和」は必ず実現する。「永久平和論」の提唱者（訳　石井建吉）であり、その指導力は高いものが期待される。又「哲学の力」で「平和の扉」が開くならこれからすばらしい未来がやってくる。

⑤アインシュタイン（物理学者　ドイツ　1879 ～ 1955）
　物理学という「真理の世界」の中で社会悪を排除することが出来るなら　世界の混乱は治まる。そして「核の抑止力」が無駄で役に立たないことを世界に訴えるなら　世界に平和の時代が到来する。

⑥松下幸之助（実業家　日本　1894 ～ 1989）
　松下幸之助は、わずか3人で創業した店を60年後には6万人を超える大企業の「松下電器」（現　パナソニック）として発展させてきた。その人生は正に「経営の神様」そのものであった。又一方ではPHP研究所や松下政経塾を設立し、無税国家論や水道哲学や憲法論や政治改革論等でムダを省いた社会改革論を展開してきた。この卓越した理念を「世界連邦」に生かすなら　世界は変わり「幸せな社会」が実現する。
　尚　松下幸之助は巨万の富を築いて多額の寄付活動をしているが、その行動の原点はPHP（繁栄によって平和と幸福を実現しようというスローガン）に込められている「平和の理念」である。又「平和と繁栄」は家康公の終生の願いであったが、松下幸之助はその真の実践者であった。

⑦オバマ元米大統領（米国第44代大統領　米国　1961 ～）※父はアフリカのケニア出身
　米国大統領時代の実績を生かして核兵器を世界から追放し、世界経済の大改革を実行して　地球環境問題を改善させるなら世界に「幸せな未来」がやってくる。

⑧吉田松陰（教育者　日本　1830 ～ 1859）
　山口県・萩の松下村塾では有能な人財を数多く輩出させて　わが国の「明治維新」を実現させた。この「教育力」を世界連邦に導入するなら世界は大変化する。

⑨賀川豊彦（平和運動家・小説家　日本　1888 〜 1960）
　数々の社会貢献事業を立ち上げたが、その業績には目を見張るものがある。又　関東大震災（1923）の復興事業に当り、本の売上げによる多額の印税を寄付しているが　その献身的努力は世界の鑑である。こうした危機に対しての実行力を見て時のルーズベルト米大統領が「ニューディール政策」の推進役を賀川豊彦に頼んだという美談はわが国の誇りである。

⑩アントニ・ガウディ（建築家　スペイン　1852 〜 1926）
　ガウディはスペインのバルセロナで建築中（1882着工）の「サグラダ・ファミリア聖堂」を設計した世界的建築家でその能力は天才的であり、このパワーを世界連邦に投じるなら「世界政治のガバメント力」は大いに高まる。
　本建物は着工後130年以上も経過しているのに今も工事中で、その完成予定は2026年頃という。メイン工事の「イエスの塔」はこれからその全貌を見せてくれるが、そこには人々の心をつなぐ「浄化された精神」がみなぎっていることと思う。「平和」は人々の精神がつながってこそ　その力が発露されるが、人間が心と心との壁をとり外すことは容易なことではない。その点ガウディは建築の造形美でその困難を乗り越えようとした。そして「資本主義社会への警鐘」を鳴らし「宗教への回帰」を説いた。
　今から400年以上前に「1両小判の商い」という流通革命を徳川家康が実施したことにより江戸の町は世界一の商業都市に発展したが、今や「マネー経済」が限界に達し、資本主義システムが消滅しようとしている。その上自然災害が多発して宗教も大破壊の危機に直面している。この様な事態を迎えこれから人類社会のレールの行き着く先はガウディが恐れていた「絶望駅」になるのだろうか。それとも「希望駅という新駅」が待っているのだろうか。このヴェールの中は誰も見ることが出来ない。しかし2026年の「世界維新」の到来で、「希望駅」では春を呼ぶ「花びら

餅」が用意されていることであろう。

第10章　添付書類

1.　世界連邦の組織表の案（添付資料①）

○印は世界連邦の拠点施設

No.	名　　称	設置場所	併設施設
①	世界連邦　本部	米国　ニューヨーク（旧　国連本部）	不服審査庁プロジェクトファンド本部
②	世界連邦　アジア支部	日本　鹿児島	種子島宇宙センター
③	世界連邦ヨーロッパ支部	スペイン　バルセロナ	世界維新記念館
④	世界最高裁判所	オランダ　ハーグ	国際検察庁
⑤	世界政府軍　第1支部北米平和基地	米国　サンディエゴ	空軍　海軍世界政府軍指令センターケネディ宇宙センター
6	世界政府軍　第2支部南米平和基地	ブラジルリオデジャネイロ	空軍　海軍　陸軍
7	世界政府軍　第3支部オセアニア平和基地	オーストラリアシドニー	空軍　海軍
⑧	世界政府軍　第4支部アジア平和基地	中国　上海	空軍　海軍　陸軍世界銀行
9	世界政府軍　第5支部	インド　カルカッタ	空軍　海軍　陸軍
⑩	世界政府軍　第6支部ヨーロッパ平和基地	ドイツ　ベルリン	空軍　陸軍
11	世界政府軍　第7支部中東平和基地	レバノンベイルート	空軍　海軍　陸軍
12	世界政府軍　第8支部ロシア平和基地	カザフスタンバイコヌール	空軍　陸軍バイコヌール宇宙センター
13	世界政府軍　第9支部アフリカ平和基地	南アフリカヨハネスバーグ	空軍　陸軍

※国際組織の推移

　　1.　国際連盟の設立　　1920年（大正9年）
　　2.　国際連合の設立　　1945年（昭和20年）
　　3.　世界連邦の創設　　2025年（令和7年）　？

2.　平成17年（2005）の国会決議（衆議院）

【世界連邦実現に関する決議】

国連創設およびわが国の終戦・被爆六十周年に当たり、

さらなる国際平和の構築への貢献を誓約する決議

国際平和の実現は世界人類の悲願であるにもかかわらず、地球上に戦争等による惨禍が絶えない。戦争やテロリズム、飢餓や疾病、地球環境の破壊等による人命の喪失が続き、核兵器等の大量破壊兵器の拡散も懸念される。

このような国際社会の現実の中で、本院は国際連合が創設以来六十年にわたり、国際平和の維持と創造のために発揮した叡智と努力に深く敬意を表する。

われわれは、ここに十年前の「歴史を教訓に平和への決意を新たにする決議」を想起し、わが国の過去の一時期の行為がアジアをはじめとする他国民に与えた多大な苦難を深く反省し、あらためてすべての犠牲者に追悼の誠を捧げるものである。

政府は、日本国憲法の掲げる恒久平和の理念のもと、唯一の被爆国として世界のすべての人々と手を携え、核兵器等の廃絶、あらゆる戦争の回避、世界連邦実現への道の探究など、持続可能な人類共生の未来を切り開くための最大限の努力をすべきである。

右、決議する。

平成十七年八月二日　日本国衆議院

議長　河野洋平

※上記決議に当たり、342名の衆議院議員が党派を超えて賛成の署名をした。

龍源院（1521年の創建）の
枯山水

本院は大徳寺の塔頭（たっちゅう）の一つで、こ
こには宇宙の秩序を現した禅宗庭
園の小庭がある。
そしてわが国初の方丈の間と日本
最古の種子島銃（1583）がある。
信長はこの方丈の間で和尚から
「宇宙の真理」を聞いた時「武力の
空しさ」を知ったであろうか。そ
れとも馬耳東風であったろうか。

2015・4・11　撮影

3.　平成 27 年（2015）の国会決議案（宮林私案）

〈世界憲法の制定と世界連邦の創設を希求することの決議〉

わが国は先の大戦において、植民地支配等によりアジア各国の多くの人々に多大なる苦痛と犠牲を掛けました。私達は日本国民を代表してこの「悲しい歴史」を深く反省すると共に、戦後70年に当たり改めて衷心より謝罪致します。

又　一方では、わが国は世界で初めて原爆という悲惨な空爆を受けましたが、この様な核の脅威は人類社会から排除すべきものです。そして軍事力を解体し　世界の戦争放棄を実現しなければなりません。

その様な想いに立ち、わが国は世界憲法と世界連邦が一刻も早く実現することを強く祈願致します。わが国国会の両院は世界憲法と世界連邦が世界の平和の為に貢献出来ますことを願ってここに決議致します。

平成二十七年八月十五日

日本国国会

衆議院議長　〇〇〇〇

参議院議長　〇〇〇〇

わが国の国会議事堂の勇姿
（2015・2・20撮影）
本議事堂は京都高等工芸学校（現　京都工芸繊維大学）で武田五一に建築を学び、宮内省に入省した吉武東里（1886-1945）が中心になって設計をした。東大教授で日本建築学会会長を勤めた吉武泰水は吉武東里の子息に当たる。

4. 平成28年（2016）の参議院決議

我が国の国連加盟六十周年にあたり更なる国際平和の構築への貢献を誓約する決議

平成二十八年五月二十五日

参 議 院 本 会 議

本年は日本が国連に加盟して六十周年にあたる。

国際平和の達成は日本と世界の悲願であるにもかかわらず、パリ同時多発テロをはじめ、世界各地で紛争・テロが続いている。さらには、大量破壊兵器やミサイル技術の開発・拡散、難民・貧困問題、地球温暖化に伴う災害の増加、感染症をはじめとする疾病の拡大など、国家の枠組みを超え、世界全体で対処すべき課題が山積している。

このような国際社会の現実の中で、本院は、国際連合が創設以来多年にわたり、国際平和の維持と創造のために発揮した叡智と努力に深く敬意を表する。我々は、今後もわが国が率先垂範して人類の平和と助け合いのために努力することを誓う。

政府は、日本国憲法の掲げる恒久平和の理念のもと、国際機構の改革強化を目指しつつ、国際法の発展、核兵器廃絶など軍縮外交の推進、また人間の安全保障の実現を含む世界連邦実現への道の探求に努め、平和な未来を確実にするための最大限の努力をすべきである。

右決議する

※上記決議に当たり　賛成229　反対0　の全会一致で可決成立した。

2016・5・4　撮影

わが国の戦国時代はここから始まった。（天空の城・竹田城跡）

この竹田城址（兵庫県）は山名宗全（但馬の守護大名）が、1431年に築城したと伝えられている。

一方　但馬では管領（将軍補佐）の細川勝元が勢力を拡大していたが、その後この両者の争いは東軍と西軍に分れて戦うこととなり「応仁の乱（1467）」になった。こうしてわが国の戦国時代が始まり強い者だけが生き残るという実力主義の時代になった。しかし徳川家康の元和偃武（1615）により約150年間続いたわが国の戦国時代に終止符が打たれた。

5.　日本国憲法第9条

日本国民は、正義と秩序を基調とする国際平和を誠実に希求し、国権の発動たる戦争と、武力による威嚇又は武力の行使は、国際紛争を解決する手段としては、永久にこれを放棄する。

前項の目的を達するため、陸海空軍その他の戦力は、これを保持しない。国の交戦権は、これを認めない。

公布　1946年（昭和21年）11月3日

施行　1947年（昭和22年）　5月3日

世界連邦の平和の鐘
（鐘の音は札幌時計台の音色にならう。）

7月16日に衆議院で強行採決された安保法案は、わが国の憲法を無視した「天下の悪法」であり何としてでも廃案にしなければなりません。

「軍事力解体」こそ平和主義の原点です。私たちは「核の脅威」と「戦争の恐怖」をとり除き、世界の恒久平和を実現させなければなりません。そして世界中から尊敬される「平和な国づくり」をすることを切望致します。

戦争の出来る法律が出来て喜ぶ人は誰もいません。又　戦争が人類に利益をもたらすモノは何もありません。人間が人間を殺しあうこと程、残虐な行為はこの世にありません。政治権力者はどうしてこんな単純明解なことが分からずに　「戦争への道」を選択するのでしょうか。

国家の指導者は国民を守る義務があることを忘れてはなりません。
(「国民を守ること」と「国家を武力で守ること」は、全くの別次元の問題です。)

2015年（平成27年）8月15日

宮林幸雄

6.　国連と世界連邦の比較

下記の対比表の如く「国連」のスキームでは国際社会の要請に応えることが大変に難しい。その点これから創設される「世界連邦」は、世界の核兵器や化学兵器や戦争をなくすことが可能になるので世界を平和で幸せな社会にすることが出来る。

No.	摘要	国連のスキーム	世界連邦のスキーム
1	組織の概要	1945年6月26日に51ヶ国が国連憲章に調印して設立され、1946年から活動を開始した世界最大の国際機関で、現在193ヶ国が加盟している。しかし国連は各国に対して統治権や強制力を持っている訳ではないので、戦争や紛争が起こってもそれを阻止出来ない。（国連には決定権がない。）	国際社会を統括する力を有した国際機関である。世界法に基く地球規模の組織で世界各国は加盟の義務を負う。又　世界連邦は各国に対して絶対権を持つ。尚世界連邦は国連の保有する資産及び職員を引き継いで運営される。
2	運営費の財源	特定会費制（国連予算分担金による会費）による不安定財源※わが国は米国・中国に次いで第3位の高額の負担をしている。	世界税による安定財源を保有しているので、持続的な運営をすることが出来る。各国の年会費は世界連邦施行令で定める。
3	年間運営費	約25億ドル（2,500億円）	約2,000億円（？）
4	根拠となる原理原則	国連憲章（国際法の理念）に基く。（全111条）	世界憲法（世界法の理念）に基く。（全108条）
5	秩序維持の手法	力（軍事力＋経済力）の支配により統治される。	法（世界憲法）の支配と人間力により統治される。
6	国家の主権	ウエストファリア体制に基き、夊々の国家の主権を尊重する。この主権尊重が災いし、国連では統一した決議をすることが出来ない。	世界連邦は各国の主権の上位に位置する「絶対権」を有している。（各国の主権は「公益優先の原則」によって制限される。）

No.	摘要	国連のスキーム	世界連邦のスキーム
7	核不拡散条例 （NPT）	賛成（核軍縮） ※NPTは役立たずでこれ では「核兵器ゼロ」は実 現しない。（国連の限界）	核兵器全廃（核なき世界の 実現） ※核兵器廃絶の完全実施 （世界連邦核兵器査察局 が厳格な監査を行ってい るので核の悲劇は再発し ない。）
8	各国の国是	国益の追求 国家主権の尊重 内政不干渉	人類益の追求　主権在民 立憲主義　平和主義　民主 主義　人間主義
9	内政体制	自由を尊重し、他国の内政 には口を挟まない。（ウエ ストファリア体制）	世界憲法に違反したり内政 に問題のある場合には、世 界連邦は勧告又は命令を発 することが出来る。（内政 干渉）
10	5大国 （米・英・仏・ 露・中）の拒否 権	容認 ※本権利は第2次世界大 戦の戦勝国に与えられた不 平等特権である。（この 拒否権の壁により、世界 平和への道は閉ざされ た。）	否認 ※世界連邦の絶対権によ り、世界を一つに統合す ることが出来る。
11	独裁政権及び軍 事政権への横暴 対策	国際社会の監視と有志連合 による空爆（この武力行使 は国際法上の問題がある。） 国連は各国の主権を尊重し ている為、国家権力の暴走 を止めることが出来ない。	「人権重視」の原則に立ち 世界連邦大統領が是正勧告 を行うことが出来る。又勧 告が拒否された場合には 「貿易の不許可」と「金融 の非承認」を通知して「経 済制裁（国家の兵糧攻め）」 を行うことが出来る。
12	政治体制	資本主義社会と共産主義社 会の並立制	立憲制の人間主義社会
13	武器の使用	容認	否認（非武装） ※但し世界政府軍及び各国 の警察は適用除外

No.	摘要	国連のスキーム	世界連邦のスキーム
14	戦争勃発	国連の力では止められない。（国連外交の限界） 「統治権」をもたない国際機関は役に立たない。従って現国連の体制では100年経っても戦争はなくならない。（役に立たない組織は解体すべきである。）	世界連邦が戦争停止の調停をする。（抵抗する場合には世界連邦の絶対権に基いて「世界政府軍」を出動させることが出来る。） ※世界政府軍は実行力のある平和維持隊として活動することが出来る。
15	社会の支配体制	軍事力と経済力で支配された社会	「世界憲法と世界連邦」によって統治された秩序のある法治体制の連合体
16	各国の軍備と交戦権	容認 ※個別的自衛権と集団的自衛権により、軍隊も交戦権も容認している。（日本国憲法では違憲）	否認（不戦の誓い） ※わが国の「憲法9条の世界化」により一切の交戦権は否定される。各国の軍事力を解体しても、世界で唯一の軍事力を備えた「世界政府軍」が安全弁になって該当国の安全を担保しているので戦争は起こらない。
17	核兵器の製造と使用	黙認（戦勝国の既得権）	世界憲法第9条で禁止されている。
18	原子力の利用	容認	世界憲法第11条で禁止されている。（原発ゼロ社会の実現）
19	軍事費の拠出	各国の財政力の許容限度を超えて拠出している。 ※軍拡競争の激化により、各国の軍事費は巨額の出費になる。この為軍事大国の経済は疲弊し、現状のまゝでは国家経済は双方とも破綻する。（国家の共倒れ）	不要 ※今までの多額軍事費は「格差是正」と「貧困の撲滅」と「地球環境の保全」の為に使われる。
20	世界貿易の原則	自由貿易	非自由の貿易制度（世界連邦による許可制）

No.	摘要	国連のスキーム	世界連邦のスキーム
21	経済のグローバル化	自由 ※自由競争が激化し大競争社会を招いている。	非自由と格差是正 ※世界連邦による許可制とし「格差拡大」を防止して「貧困の連鎖」を断つ。
22	経済成長の推進	「競争の促進（実力主義を優先した持続不可能な社会）」 ※競争の激化によりデフレが進行する。（金融破綻の連鎖）	「非競争」による持続可能経済の確立 ※人間力のみなぎる穏やかな社会が実現する。
23	集団的自衛権	容認（日本国憲法では違憲）	否認（世界憲法9条）
24	戦争をなくす方法論	軍事力による安全保障（核抑止論）	各国の「軍事力の解体」と「法と人間力による安全保障」
25	安全保障	武力と経済力による保障（軍事費の肥大化を招いている。）	世界憲法によって保障される。（世界政府軍による警護）
26	宗教的関与	政教分離に基き、宗教は別格扱い（宗教戦争の未然防止）	二者択一型の宗教は否定されるが、普遍的価値観を共有している自然体の宗教は容認される。国家等の政治権力が「民主主義」や「自由」を破壊してはならないが、一方で反社会的組織を形成する宗教や公共の利益に反した「わがまま」は世界憲法の理念に基き否定される。
27	社会の持続力の源泉	イ．消費の拡大（新商品の開発） ロ．経済の拡大（売上増大による法人税等の増加） ハ．国民からの税金	イ．平和な社会の建設（未来への希望） ロ．格差是正（ベーシックインカムによる安定需要） ハ．需要創出 ニ．社会悪の排除（負のエネルギーの消去）
28	各国民の悲願	自由と平和	戦争と核とテロと貧困のない社会　自由の抑制

No.	摘要	国連のスキーム	世界連邦のスキーム
29	政治手法	覇権主義	民主主義　法の支配
30	平和論	積極的平和主義（軍事力による抑止論であり、これでは世界の恒久平和は実現しない。）	核廃絶と戦争放棄 人類滅亡の阻止
31	倫理観	利己の心（自国の損得を考える。）	利他の心（社会や他人のために尽くす。）社会貢献の心
32	世界の目標	イ．政治の安定と平和の構築（世界大戦の反省） ロ．核の管理と戦争の防止（原爆投下の反省） ハ．自由貿易の推進（世界恐慌の反省） ニ．金融の制御（バブル経済の反省）	イ．核兵器と原発の廃棄 ロ．軍事力解体と戦争の根絶 ハ．地球温暖化の防止 ニ．貧困の撲滅と格差是正 ホ．世界平和の実現（対話の重視） ヘ．ロボット技術と人工知能の制限（AIの管理※） 　※今後この分野は驚異的な進歩を遂げるがその成果や研究が戦争や経済界に悪用されることのない様にブレーキを掛けるシステムを構築しなければならない。 ト．「宗教の戒律」のルール化（テロ対策と教育の充実）
33	生活弱者の支援政策	本人責任（政治の放棄）	①税制革命（弱者切捨では人類社会の存続は難しくなることを巨大企業や大富豪に理解してもらう。） ②脱税の取締りの強化 ③ベーシックインカムの推進（生活年金の支給）

　上記33項目の対比表の如く、現在の「国連」には数々の問題点があって国連の決議や平和維持活動が機能しなくなっている。従ってこの状況下ではいくら「国連改革」の議論をしても国連が役に立つ国際機関になることは考えにくい。この様な意味から国連を解体し

て「世界連邦」を創設し「世界のええじゃないか運動」を起こして「世界維新」を断行する。

地球最期の時刻を示す「終末時計」は「あと2分半」を示しているというが、人類の抱えているリスクは重い。特に米国・トランプ大統領の自国第一主義により「世界経済のリスク」が高まっている。ともすれば各国は自国の国益を守ろうとして「自国ファースト」に走りやすいが、この考え方では「人類益」を守ることは出来ない。しかもこの様な事態を放任しているなら、人類は核戦争や貿易戦争や環境戦争や食料・水戦争やロボット戦争に巻込まれて500年後には人類は滅亡する。一方 エネルギー革命という第5次革命を達成して人類が「平和」という価値観を共有することにより、「核廃絶と戦争放棄」と「脱原発」と「地球温暖化防止」と「格差是正」の一石四鳥を実現させることが出来る。

この広島電鉄の市電は今も広島市民を元気づけている。

「広電物語」は豊橋の路面電車をはじめ、全国の市電の車内で原爆投下後の実話を寸劇として上演し、地域の人々の関心を集めた。

7.　世界憲法のキーワード

核兵器廃絶　戦争放棄（軍事力解体）　徴兵制と傭兵制の禁止　脱原発　貧困と飢餓の撲滅　世界憲法の制定と世界連邦の創設　利殖目的の株取引の制限　世界維新　熱波による森林火災（干ばつ）　格差是正（弱者救済）　世界大不況（雇用危機）　通貨（ピース）の世界統合　銃規制の厳格化　世界のええじゃないか運動　悪玉の欲望の抑制　地球環境の保全　食糧・水不足の回避　地球高温化対策　資本主義社会から人間主義社会への転換　競争と自由の制限　人口減少問題　競争から共生へ　税制革命（大富豪・巨大企業への課税強化）　関税自主権の容認　倫理観の醸成　医療崩壊（病院の疲弊）　貿易の許可制（自由貿易の制限）　国土強靱化　原発ゼロとCO_2ゼロ　プロジェクト証券（善意資金）の導入　米中貿易戦争　ダラダラ病の防止　金融恐慌　公平と正義　善の循環　国連の解体　世界税の徴収　ナショナリズムの台頭（自国第一主義）　バブル崩壊　失業率の増大　海面水温上昇の防止　世界の構造改革（財政健全化）　テロの根絶　異常気象　宗教の対立　原発企業の巨額累積赤字　行政コストの最小化（減税）　米国と中国の破綻　企業献金と団体献金の禁止　非対立・非暴力　宗教の消滅（暗黒社会の到来）　AI管理法の制定　エネルギー革命（自然力エネルギー・無線送電・宇宙エネルギーの開発）　ゼロエネルギー住宅の普及　一帯一路のリスク（国家破産の連鎖）　持続可能な社会　農業と漁業と林業の活性化　年金破綻　不労所得の排除　デフレ脱却（激安競争の自粛）　移民問題の解消（シリア難民等の保護）　平和教育　生活年金の支給（ベーシックインカムの導入）　都市計画法の大改正　ゼロエネ温室の植物工場　自然災害の多発（巨大地震・スーパー台風・大洪水・豪雨災害）　平和的生存権と基本的人権の保護　米中対立の激化　富士山噴火と東海大地震の勃発　世界連邦大統領の特別権限（①核兵器廃棄と軍事力解体の大統領令の発令　②世界政府軍の出動命令　③国境線の査定）　社会不

安の増大　米中貿易戦争　リニア新幹線の中止（電磁波問題）　財政破綻によるインフレの進展　パンデミック　南極大陸の氷山の融解（市街地の水没）　世界秩序の崩壊（無政府社会）　世界経済の破綻（世界恐慌）　資本主義社会の終焉（グローバリズムの暴走）　人類滅亡（世界の大破壊）

※こうした世界の課題を解決する為には　「世界憲法の制定」と「世界連邦の創設」がどうしても必要である。

8.　台風をなくす8つの仮説（木造建築賛歌）

2020年5月25日
追記（8/25）
宮林幸雄

〈序〉

イギリスで起こった産業革命（18世紀後半から19世紀初め）以降、急激に大気中のCO_2濃度が上昇している。そしてこの影響で、温室効果ガスの「二酸化炭素」が大気中に排出され続けている。いうなればこの地球は大きな「CO_2入りの風船」の中に包み込まれていて、このままでは人間はCO_2の排出ガスで窒息してしまう。この様な状況によって世界では下記の様な、気候変動によるCO_2問題が起こっている。

〈問題提起〉

①地球温暖化による「気温上昇」と大地の「ヒートアイランド現象」や「自動車の排気ガス」等によって地球が「CO_2排出ガスのドーム」に包まれている。この為激しい気温上昇が生じてCO_2が大気中にどんどんたまり続け下記の様な異常高温を記録している。

　　埼玉県熊谷市　　　43℃　（2007.8.16）
　　岐阜県多治見市　　40.9℃　（2007.8.16）
　　静岡県浜松市　　　40.6℃　（1994.8.4）

今後この猛暑日（35℃以上の日）が急激に増えていき、今世紀末には平均気温が6.4℃位上昇する恐れがあるといわれている。そうなると上記の熊谷市の場合21世紀末には下記の気温になることが予想される。

　　43℃ + 6.4℃ = 49.4℃

この「気温50℃弱の暑さ」では、鶏は玉子を産まなくなり豚や牛は食欲不振でぐったりと横になってしまう。又　キャベツやト

201

マトやリンゴも枯れたり、発育不良で色が劣化し 市場に出せなくなる。

②前項の様な状況によって体温の調節機能がうまく働かなくなり意識を失って「熱中症」で倒れる人が増えてくる。私は昨年の夏京都市と新城市で道路を歩いていて「熱中症」で2度も倒れてしまった。その際無意識裏に起こることは交通事故に遭う恐れもあり大変危険なことになると痛感した。

③北極海の氷床が地球温暖化で溶けてしまい、今やその棚氷の厚みは2mを切っているという。この為ホッキョクグマは「狩」をすることも出来なくなっている。この様な状況により北極海の王者の「ホッキョクグマ」は絶滅の危機にさらされている。(クレバスの割れ目に落ち込んで死んでしまうか狩りが出来なくなって餓死する。) 又 このままでは北極の氷は全て溶けてしまい、この地域一帯は大きな海になって貨物船やクルーズ船(北極海周遊の旅)の航路になる。

④南極大陸の温暖化が進行して氷山が崩落を続けている。(このシーンはテレビで何度も放映された。) そしてIPCC(気候変動に関する政府間パネル)第4次評価報告書は、21世紀末には世界の海の海面水位が、48〜59cm位までに上昇すると予測している。そうなると大都会の「ニューヨーク市」や、太平洋上の小島の「ツバル」等は水没してしまう。又 沿岸部の工場や重油タンク等は高い丘の上に移転しなければならなくなる。

⑤「熱波」による森林の乾燥や落雷(ドライサンダーストームという雨の降らない雷)によって大規模森林火災(自然発火による山火事)が米国やインドネシアやシベリアやEU等で多発している。特にオーストラリアでは昨年から8ヶ月間も森が燃え続けた。そして国土の3%(日本の九州と四国の面積分)の森林が燃えた上3,000棟の家屋が焼失したという。又南米のアマゾンでは、1ヶ月に3万件の山火事が発生したというが(2019年8月)これでは「大密林のアマゾン」は近い将来「枯木の山」の様に変容してし

まう。アマゾンの豊かな森は「動植物の宝庫」であり「新薬の
種」が埋もれている貴重な大地であるが、その宝物は山火事の炎
によって焼き尽くされてしまう。しかもこの森林火災によって
CO_2の吸収が出来なくなる上　大量のCO_2を排出させて地球環境
を益々悪化させる。

⑥大洋の「海水温の上昇」によってサンマやサケの漁場が失なわれ
ている。この様に「海水の温暖化」によって「漁場の喪失」が生
じているが、本問題は今後「魚の食料問題」を引き起こす。

⑦太平洋や大西洋やインド洋等の各所の海で「海面水温の上昇」が
生じている。そして「台風」が頻繁に起こる様になっている。こ
の為「豪雨災害」や「土砂災害」や「洪水」や「風水害による建
物等の倒壊」が増加し、各所で甚大な被害が発生している。

⑧「地球温暖化」によって飲料水や農業用水がピンチになっている。
この原因は地球規模の「海洋大循環」の海流に変化が起こって
「降水パターン」に異変が生じ「水資源の流失問題」が起こって
いる。そして「水不足」が深刻になって陸地の乾燥化や砂漠化が
進み、水源池の干ばつが多発している。又　一方では集中豪雨で
降水量が増加し「豪雨災害」が頻発している。

⑨アマゾン川流域の「熱帯雨林」が「森林破壊」や「降水量の減
少」により「熱帯雨林の激減問題」が起こっている。こんなこと
になれば、森林による「CO_2の吸収」にブレーキが掛る上、益々
CO_2の排出量が増加する。

⑩「新型コロナウイルス問題」で世界中がパニックに陥っているが
「感染症問題」は今後も尾を引く。特に警戒を要するのはデング
熱とマラリアで今後の地球温暖化が更に「感染を拡大させる」恐
れがある。又　コロナにしても第2波・第3波の動向が心配であ
る。
今はまだワクチンも治療薬も開発されていないので「外出自粛」
や「マスクの着用」や「防護服」のみで戦っているが、これでは
「緊急事態宣言」が解除されれば、また「モトノモクアミ」にな

り、再び「休校」や「店舗の休業要請」の破目に陥る。この様にして第2波がやってくることは自然の成り行きであるが、その潮目は今年の秋の11月頃が危い。しかも困ったことに今度第2波がやってくれば「医療崩壊（病院の倒産）」が起こってわが国は更なる大混乱に巻き込まれる。この様にもしも今年の秋にコロナの第2波や第3波がやってくるなら、来春の「箱根駅伝」は中止になる。又不動産相場もコロナの荒浪を受けて2022年には土地価格も暴落する。（コロナ問題による景気悪化に加えて2022年からは「生産緑地法」の30年解除による「大量の土地放出」が起こるので「土地の値下がり」は必至である。）

大宇宙の中の小さな地球に　今上記の様な大異変が起こっている。その調査・研究は国際機関や大学等が熱心に研究をしているが、この「地球温暖化問題」は現今の最も重要な「国際問題」である。本件は今の「新型コロナウイルス問題」の様に軍事力や経済力や政治力で決着のつく様な単純な話ではない。

一方　「ウイルス」は地球上で最も永い歴史（35億年）をもつ細菌であるという。そのウイルスは「神秘的な遺伝子」をもった微生物で、コロナはそこから「生きる力」を授かってきたのであろうか。とにかく「ウイルスの遺伝子」は「氷河時代（寒い時代）」や海底火山の「大爆発時代（熱い時代）」とは訳の違う「地球大動乱」の戦場の中で強靭な「宿主の鎧」をまとって生き抜いてきたと思われる。その意味では今回の「コロナウイルス」は史上最強の細菌であり、人類が勝てる相手ではない。従ってワクチンの開発も1年や2年で出来れば「ノーベル賞」ものであるが、2年以内での開発は難しいのではないか？（そうなれば「東京オリンピック」は今度は中止になる。）それにこのウイルスは発生地別に異なっていると思われるので、アメリカやイギリスの製薬メーカーで製造されたワクチンが、日本人にも利くという保証はない。とにかくそんな頑強な生命力をもった「コロナの遺伝子」に勝つことは並大抵のことではな

い。少なくとも人類は「万物の霊長である。」とするうぬぼれは捨てなければならない。そこに求められているのは「国際協調」であり「恒久平和」であり「社会貢献」や「人道支援」等の問題である。又　新しい「世界法の理論」に基いた「世界秩序の構築」を図ることである。その意味で「世界憲法」と「世界連邦」がどうしても必要になってくる。私はこうした世界の現状に鑑み近年の台風問題を「建築の力で軽減させる。」ことを考えてみた。そして「CO_2の吸収」の方法論を検討してみたので、以下にその計画案をまとめてみる。現今の「コロナ問題」を機に「新しい地球社会」が生まれることを期待したい。

〈200 年住宅の在宅避難の家〉
この度提案するモデルハウスは600 ガルで構造計算をした「200 年住宅（木造）の安全住宅」である。その為には600 ガルの外力で 5 棟の破壊実験を行い、所定の構造性能が確保されている場合には、国交大臣が「200 年住宅」の認定を行って本商品（SE構法 600 ガル仕様の家）のブランド化を実現させる。（この「200 年住宅」の認定は各構法の公募により、国家プロジェクトとして実施する。）
そして「CO_2削減」という大義の為に、「200 年住宅の認定」を受けた物件には「200 年無倒壊保証保険※」への加入権を付与する。（万が一　大地震によって倒壊した場合には国家から保険金が支給される。）但し　本保険物件には、下記の「法定メンテナンス工事」を所定期間毎に実施しなければならない。（完了検査　要。このメンテナンス工事をしていないと「200 年住宅の認定」が無効になる。）
　a. 10 年毎のメンテナンス工事の実施（10 年毎に国から 5 万円の協力金が支給される。）
　1. 雨もりの点検と不良部の修理工事の実施
　2. 白蟻検査とバイメタル付床下換気扇工事及び電池等のとり替え

b.50年毎のメンテナンス工事の実施（50年毎に国から50万円の協力金が支給される。）

  1. 住設機器類の取替工事

  2. 腐朽材の取替工事

  3. その他住宅調査検査士の指示する工事

（※）「無倒壊保証保険」は巨大地震やスーパー台風等によって倒壊し、損害を被った場合に適用される特別保険で200年住宅の認定を受けた物件のみに適用される。

又　この特徴を生かして巨大地震やスーパー台風の際に　各市町村指定の「避難所」に行く必要のない「在宅避難の家」を実現させようとしてみた。尚　災害発生時に各市町村の避難所に行くことは下記の様なリスクを抱えることになるので避けたいものである。

①道路沿の川や排水路の水位が上って、道路と川の区別がつかなくなり（道路が川になる）車ごと脱輪して溺れる恐れがある。

②避難所には多くの人々が集まってくるので「新型コロナウイルス」に感染する恐れが多分にある。（避難所は「3密」の塊である。）

③通常の避難所の体育館等は「400ガルの揺れ」で計算をしているのでこれから到来する巨大地震やスーパー台風には耐えられない恐れがある。これからは凄い大地震やスーパー台風がやってくるので、避難所に行くことは却って家族の命を危険にさらすことになる。

④トイレが不足しがちなので不便である。又「車中泊」をしていると「エコノミー症候群」になりやすい。

⑤「プライバシー」が確保されにくいので「不眠症」になりやすいし、何かと避難所生活には不自由が伴う。又睡眠不足は「免疫力の低下」を招いて体調を崩しやすい。

⑥ペットとの「同行避難」も問題がある。特にペットも人間も「環境が変わる。」ことに「ストレス」を受けて体調不良になりやすい。又　ペットも「3密」の中ではコロナに感染する恐れも生じ

る（？）ので、避難所には連れていかない方が良い。（ペットの
保護の為　5日分程度の食料と水を与えてから避難する。）

ところで近年の台風は大型化している上、その発生頻度が増えてい
るが、この原因は大気圏にたまっているCO_2が増加していること
による。そしてこの「温室効果ガス」によって地球全体が温暖化し
ている。その結果太平洋の「海面水温の上昇」が生じて低気圧の発
達を招いている。この様な異常気象により、これからの台風は巨大
化して毎年の様に甚大な被害を発生させる可能性が高い。以上の流
れを整理すると下記の様にして「スーパー台風」が発生する。

①産業活動の活性化や飛行機や車の移動によって二酸化炭素の排出
　量が増大する。
　　　　↓
②気温の上昇（地球温暖化）
　　　　↓
③太平洋の「海面水温」の上昇（低気圧の発生）
　　　　↓
④低気圧の発達（暖かい海面から供給される水蒸気が流れ込み　低
　気圧が発達する。）
　　　　↓
⑤台風の発生
　　　　↓
⑥「スーパー台風」の発達（更なる「水蒸気の供給」を受けて巨大
　台風が発達し「スーパー台風」になる。）

〈200年住宅の家の認定条件〉
「200年住宅の家」は下記の要件をクリアーしていることを要す。
①木造住宅の構造で、600ガルの構造計算をして建物の安全性を確
　認していること。

※豊橋市役所の建築課長に聞いた所、豊橋市内の公共建築物で600ガルで構造計算をしているのは「豊橋市役所新館（地上13F)」と「豊橋市中消防署（地上7F)」の2棟のみということであった。反面、当社で施工した「600ガル仕様の家」（木造SE構法）は豊橋市内だけで7棟建築している。

②非常用脱出ステージ（1.5m×1.8m以上）を備えている。（ここで「ゴムボート」や「ヘリコプター」の救助を待つ。）

③小屋裏階にもトイレを設置している。（用水は小屋裏階に備蓄する。）

④エアコンや太陽光発電の設備を備えている。

⑤新型インフルエンザ対応の「新型空気清浄器」を設置している。

⑥「白蟻4重対策（アリダンシート敷・バイメタル付丸型床下換気口・キソパッキン・人通口付土台木炭塗)」及び「結露対策（「エアーサーキット工法」の2重通気層)」・「ゼッチ仕様の断熱対策（1F床下断熱・外断熱・2重断熱・屋根通風層)」・「雨もり防止対策」（ノン・シーリング工法）の工事をしている。

⑦建築地の敷地は海抜10m以上である。（平屋建の場合は海抜15m以上とする。）

⑧50年毎のメンテナンス履歴報告書（劣化検査共）の提出。

以上をクリアーしている場合には1物件当り300万円の「CO_2削減協力金」を国から建築主に支給される。（但し「200年住宅」の完了検査に合格していることを要す。）

〈宮林仮説の概要〉

本モデルハウスでは下記の様な仮説に基いて台風被害の軽減化を図ろうとした。私は小学6年生の頃に腎臓炎にかかり、市内の旧豊橋市民病院に何度も通っていた。しかし担任の先生からこのままでは「出席日数不足」で皆と一緒に小学校を卒業することが出来なくなると言われた。そして先生から「午後からでも学校に登校出来ないか」と言われて「朝一番のバス」で病院に行くことにした。幸いにもこのバスはいつもすいていたので、小学生時代によく起こってい

た「台風被害をなくす」ことが出来ないかと思い、バスの車中や病院の待合コーナーで「気象の本」や「宇宙の本」を読んでいた。この時の思い入れが今回の「CO_2削減により台風をなくす」という下記の仮説につながった。但し　この頃のポイントはどうやったら「低気圧をなくすことが出来るか」ということで　「地球温暖化」のことは眼中になかった。

第1仮説 〈CO_2増大がこのまま続くなら、これから人類が経験したことのない様な凄い台風がやってくる。〉
　　　「温室効果ガス」のCO_2が大気圏内にたまり続け、地球を温暖化させている。即ち　太平洋の海面水温が上昇することによって低気圧が発達し、やがて台風に変身して猛威をふるう。もしもCO_2の増大によって、太平洋の海面水温が33℃程度までに上昇するならば、昭和34年に当地域を襲った伊勢湾台風の2倍位のスーパー台風（最大瞬間風速$55.3m/s × 2 = 110.6m/s$）が吹いても何ら不思議ではない。

第2仮説 〈「CO_2の固定化」でスーパー台風の発生を抑制することが出来る。〉
　　　昔の台風は「天災」であった。しかし近年の台風は「CO_2の増大」によって起こる「人災」である。従ってこのCO_2を「木造建築物」によって「CO_2の固定化」を図ることが出来れば、「スーパー台風」の被害を軽減させることが出来る。（「200年住宅」は二酸化炭素を木材に吸収させてCO_2を200年間固定させることが出来る。）

第3仮説 〈「建物の木造化」を推進して「CO_2ゼロ」の国民運動を起こせば、巨大台風をなくすことが出来る。〉
　　　前項の第2仮説に基き、下記の政策を採用して「CO_2ゼロ」を国民運動として展開する。こうすれば今世紀末までに地球温暖

化がストップして太平洋の海面水温が26℃位以下までに下げることが出来るので台風が発生しにくくなる。

（イ）「林業再生」を国是として掲げ「森林によるCO_2の吸収」を促進させる。

（ロ）「200年住宅」の安全住宅を「200万戸建設する国家プロジェクト」を立ち上げ、木材による「CO_2の固定化」を推進させる。

（ハ）「200年住宅の認定」を受けた建物は、避難所に行かずに「200年住宅の在宅避難の家」で避難することが出来る。

（ニ）「200年住宅の家」の建築主には完了検査後に「200年住宅合格ラベル」と下記例の「認定証書」を郵送（簡易書留）する。

私は現在、第3仮説の「200年住宅の在宅避難の家」の図面にとり組んでいるが、図面が出来次第「この建物がCO_2を固定出来るトン数」を計算出来ないか検討している。そして下記の「CO_2損益計算書」を作成して「CO_2ゼロ社会」の実現方法を検証してみたいと考えている。

〈200万戸木造200年住宅プロジェクトによるCO_2の削減効果〉
住宅1棟を建築するのに必要な木材使用量を25㎥とし　炭素の重量を木材の1/2とすると、赤松集成材による炭素固定量（CO_2の固定量）は下記の数値になる。

　　451kg／㎥×25㎥×1/2 ≒ 5,637kg ≒ 5.6トン

　従って、200万戸プロジェクトによるCO_2の固定量は

　　5.6トン×2,000,000＝0.112億トン　…①

一方　木造住宅が増加することによって、同数の鉄骨造の棟数が減少することになり、そのCO_2削減効果は木造住宅の2.88倍に相当するということなので、下記のCO_2を固定化することが出来る。

　　①×2.88＝0.112億トン×2.88＝0.322億トン　…②

200年住宅認定証書（記載例）

下記の住まいは「200年住宅」の性能を満たしていることを証します。
本建物は家全体がシェルターの様になっていますので、巨大地震や
スーパー台風等の大災害時に避難所に行く必要がありません。

国土交通大臣○○○○
200年住宅認定番号　R2-0001
地球温暖化防止推進協議会

建築名称	200年住宅のモデルハウス
所在地	愛知県豊橋市飯村町字高山　10-220（〒440-0836） エコビレッジ飯村D区画
建築主	—
設計・監理	宮林一級建築士事務所
構造設計	（株）エヌ・シー・エヌ
施工	（株）宮林工務店
建築（完成年月日）	2020年11月30日
都市計画	市街化調整区域（16号建築許可・都市計画法53条）
地盤の高さ	海抜　30.6m
前面道路	西側　8m
構造・構法	木造SE構法（600ガル仕様）平屋建（小屋裏利用）
柱・土台	構造用集成材　120×120
基礎	ｔ＝200　ベタ基礎（D13シングル配筋）
地盤の長期許容応力度	30KN/㎡以上
地盤改良	—
敷地面積	209.23㎡
建築面積	74.97㎡（建ぺい率　36％）
1F床面積（延床面積）	38.02㎡（容積率　33％）
小屋裏避難小屋（天井高1.4m）	14.49㎡

年間二酸化炭素固定量（CO_2削減量）　5.6ｔ/年

令和2年11月30日
豊橋市建築指導課
TEL　0532-51-2588

従って①＋②＝0.112億トン＋0.322億トン

　　　　　　＝0.434億トン（CO_2の固定化）　…③

上記の①の数値を見る限り「CO_2ゼロ」の達成は絶望的に見えてくるが、この数字はわが国の「200万戸木造住宅プロジェクトのみの数である。もしもわが国のプロジェクト案に賛同し、これから「木造住宅礼賛国」が増えてくれば、世界でわが国案の5倍の「1,000万戸のカーボンフリー住宅」が誕生し、その効果は下記の様になる。

　（わが国が木造住宅を増やし、鉄骨住宅を減少させた場合のCO_2削減トン数）＋（世界の木造住宅賛同国によるCO_2の削減トン数）

＝③＋③×5=0.434億トン＋0.434億トン×5

＝2.604億トン　…④

〈200年住宅のCO_2の損益計算書〉

イ．大気中に排出された二酸化炭素の量　　　　　　　　72億トン

ロ．森林によって吸収されるCO_2の量　　　　　　　　△9億トン

ハ．海洋に吸収されるCO_2の量　　　　　　　　　　△22億トン

ニ．200年住宅の200万戸の木造住宅によって吸収されるCO_2の量

　　　　　　　　　　　　　　　　　　　　△0.434億トン…⑤

ホ．大気中に蓄積されているCO_2の量　｛イ－（ロ＋ハ＋ニ）｝＝72億トン－（9億トン＋22億トン＋0.434億トン）

　　　　　　　　　　　　　　　　　　　差引40.566億トン

しかしホの計算式の如く、これから40億トン以上のCO_2（⑤の数値）を削減しなければならないということは、大変なことである。わが国は「2050年までに温室効果ガスの排出ゼロを達成する」という国際公約を宣言しているが、この公約が守れないなら、100年後には「人類滅亡」の玄関にさしかかっているかも知れない。

第4仮説〈「木造超高層」を導入した「CO_2ゼロ　プロジェクト」を推進すれば「CO_2ゼロ」の社会を実現させることが出来る。〉

　前項の第3仮説の如く「200年住宅プロジェクト」にならって

「木造超高層」の構法を導入することにすれば「CO₂ゼロ」の国家プロジェクトを伸展させることが出来る。建設業界では「鉄やコンクリートの利用」を優先させてきたが　こうした多量のCO₂を排出する構法はこれからは廃除していかなければならない。一方　「木造超高層産業」は「CO₂ゼロの後押し」もあり、これからわが国の基幹産業になろうとしている。（建設業界の「ビックバン」がこれから始まる。）

現在　英国の大学では「木造80階建」の研究が進んでいるし、ロンドンでは「木造20階建」のマンションが多数建っているという。又　わが国でも住友林業住宅が「木造70階建」の「木造超高層ビル」の基本設計に着手している。しかし、予期せぬトラブルを未然に防ぐ為に、これからの「木造超高層」は地上30階までが無難ではないかと思う。（英国の文献に高層マンションの高い階に住んでいると「高所ストレス」によって体調を崩すという論文が発表されている。又　いたずらに「高さの競争」に走ることは無駄な社会ロスを招き将来に禍根を残すことになる。）

尚　現在のわが国には「木造5階建」の物件が実現しているし、世界では「木造18階建」の学生寮がカナダで完成している。又　当地・豊橋でも木造4階建〈構造設計（株）エヌ・シー・エヌ〉のオフィスビルが現在工事中である。この動向に基づき「公共建築物木材利用促進法」を改正して公共建築物（合同庁舎・市役所・学校・病院・消防署・図書館等）の建替えの時期が来た場合には、順次「木造」で建替えることにすれば、「200万戸建設目標」の「200年住宅プロジェクト」と一体化することにより「CO₂ゼロ」の時代が一気に近づいてくる。そして現在起こっている「気象異変」の諸問題がこれから是正される。

第5仮説　〈「林業再生」を図り、「CO₂ゼロ」の国家プロジェクトを推進するなら　台風をなくして「資本主義社会の弊害」を排除

することが出来る。〉

わが国では「自動車産業」や「家電・電子産業」や「建築・土木産業」等で国民の雇用が守られてきた。しかし、そうしたCO₂を拡散してきた業種は「新型コロナウイルス」によって今「待った。」が掛けられている。そして「観光産業」や「交通・航空機産業」や「飲食・レジャー産業」や「アパレル・デパート産業」等が壊滅的な打撃を受けている。これからは「地球温暖化」を起こさない様な業種で経済を回す様にして、国民の生活と雇用を守る様にしなければ、人類はあと500年で滅亡してしまう。(宇宙双六説)

この様に「命と経済を守る。」為に「林業再生」と「農業」と「漁業」による国づくりを「国是」として掲げ、「木造・200年住宅」の建設を推進するなら、木材によってCO₂を200年間固定化することが出来る。そして人類は争いのない平和な社会の恩恵を受けることが出来る。わが国では8月に入りコロナによる感染者数がうなぎ登りに増加し、今は懸念されていた「第2波」に突入していると思われる。しかも医療機関のベッド数が満杯になり「自宅療養」が増えているというが、これでは「家庭内感染」が広がり「医療崩壊」を起こしてしまう。かかる現況に鑑み、私は下記の仮説を提言します。

> わが国は「林業再生」を国家の大方針とする。そして「木造・200年住宅」を200万戸建設するという「CO₂ゼロ運動」と「木造超高層産業」を推進するなら、「スーパー台風」や「豪雨災害」をなくし「コロナと共生した新しい人類社会」を築き「資本主義社会の悪弊」を除去することが出来る。

第6仮説〈わが国が「木造200年住宅の安全住宅」の推進と「木造超高層ビル」を導入して「CO₂の吸収・固定化」を図るなら、「巨大台風」をなくして「洪水」や「土砂災害」や「建物の倒

壊」を防ぐことが出来る。〉

その上、中央省庁の中、老朽化した建物から順次「木造超高層ビル」への建替えをするなら「東京一極集中」を是正して昭和時代からの宿願であった「首都機能移転問題」（予算規模20兆円）」を解決することが出来る（P230参照）。そして「地球温暖化問題（予算規模40兆円）」との「二大国家プロジェクト」に着手すれば、わが国は世界に冠たる環境・経済大国への道を拓くことが出来る。そしてこの勢いで「世界連邦」を創設することが出来れば核兵器と戦争を絶滅させることが出来る。（本プロジェクトの突破口は「林業再生」と「農業・漁業の再興」とする。林業・農業・漁業によって「雇用の拡大」を図ることが出来れば、国民の所得が増える上、わが国の国富が増大する。）

又　新法を制定して「森林国有化」（遊休地又は第3国が保有している山林を国家が買い取り、わが国の森林を第三者に売却することを禁止する。）を図れば「地球温暖化の防止」を実現して「台風を消滅させる」ことが出来る。又　一方では「土地管理法」を制定して「首都機能移転」への道を開くことが出来る。そして「林業国営化」へのエンジンが動き出せば「行政コスト」と「生産コスト」の両者を下げることが出来るので、わが国の国際競争力が向上する。（現状のわが国は店舗や工場の「土地コスト」や「家賃コスト」が高すぎる。）

第7仮説（「木造200年住宅プロジェクト」と「首都機能移転」による「CO_2ゼロアクション」）

わが国では、平成時代初頭に「首都移転問題」が盛り上がっていたことがある。その中心メンバーは、堺屋太一先生（作家　元経済企画庁長官）であり、村田敬次郎先生（衆議院議員　元通商産業大臣・自治大臣　衆議院国会移転等特別委員長）、オノコムの小野喬介社長であった。私はこの3名の先生方に色々

と御指導をいただいたが、残念なことに3人とも鬼界入りして
しまった。特に堺屋先生からは、万年筆で書かれたハガキをい
ただいているが、あの風格ある文字は、忘れることが出来ない。
又　関西経済連合会会長の日向方齊先生（関西国際空港の生み
の親・又　日向氏は「豊橋の一部を含む浜名湖西岸地区」を新
首都の候補地として提唱していた。）からは時習館高校の先輩
を通じて電話で「大阪に来ないか」と2度もお誘いいただいて
いたが、この時には余りにも立場が違いすぎると思い辞退して
しまった。しかしその後亡くなられてしまったことを新聞で知
り、悲しい思いをした。本件の国家プロジェクトは石原都知事
の「鶴の一声」でつぶされてしまったが、現在のコロナ禍の暗
いニュースが流れている中、もう一度「遷都論」が沸き上がる
ことを期待したい。
即ち「木造超高層ビル」で古くなった中央省庁を立て替え、
「木造200年住宅プロジェクト」との合計（CO_2協力金300万円
×200万戸=6兆円）で40兆円の予算組みが出来れば地球温暖
化が止まって「台風」がなくなる。その上「木造超高層産業」
で林業が復活し、雇用が拡大する。こうなると「経済の好循
環」の歯車が回り出すので、我が国のGDP（国内総生産）は
中国・アメリカを追い抜くことになる。今は「世界大恐慌」が
迫っているだけに、思い切った政策が求められているが、わが
国のこの60兆円の投資は、世界経済の明るい話題になる。又
　世界連邦にとってもグッドニュースになる。

第8仮説
〈これからわが国で勃発するであろう「巨大地震（マグニ
チュード9以上）」や「スーパー台風（風速100m/s以上）」が
到来するなら、わが国の国土はクシャクシャになる。〉
この様な事態を防止する為には、世界が一つになって「世界連
邦」を創設しなければならない。そして「地球温暖化問題」の

解決と「国土強靭化」を急がなければならない。

〈再びコロナ問題を考える。〉
今回のコロナ問題は100年に1度の社会を揺るがす大事件であると
言われているが、これは「ピンチはチャンス！」で今は　時代が
「大きな節目」にさしかかっていることの証左である。即ち「世界
が一つになる。」ビッグチャンスにさし掛かっている。（間もなく世
界連邦が創設され真の世界平和が実現する。）のであり、これから
2〜30年後位には「新しい人類社会」が訪れるのではないかと思
われる。その新しいルートを「宇宙双六の続編」として下記にまと
めてみた。

〈パラダイム大転換の歴史〉
※困難にぶつかったら、過去の歴史に学ばなければならない。
①「長篠の戦い」で戦の主役に鉄砲が登場する。（1575）
　　この戦いで織田信長の「天下布武」の土台が固まる。そして「規
　　格大量生産工業」の原型（家電・自動車産業）の基盤が確立する。
　　又　その後の「関ヶ原の戦い」では、わが国は世界一の武器大国
　　になっていた。
②広島・長崎への原爆投下。（1945）※太平洋戦争が終戦を迎える。
　　ここから「平和への祈り」が世界に広まる。
③東京オリンピック（1964）・大阪万博（1970）の開催
　　この頃より高度経済成長期時代が始まる。しかしその後公害問題
　　でわが国は苦汁をなめることになる。
④東日本大震災及原発事故の勃発。（2011）
　　このツメ跡は今も続いていて、特に「脱原発」は国際世論になっ
　　ている。しかしこの大事故にも関わらず、わが国政府は「原発再
　　稼働」と「原発輸出」をめざしているが　この様な行為は許され
　　ることではない。
⑤コロナ大恐慌（2020）

「資本主義社会の崩壊」が始まり資本主義の「負のサイクル」（格差と貧困・地球温暖化・核兵器・原発・電磁波・感染症）が顕在化する。今回の様に「新型コロナウイルス」が世界規模で発生すると、経済が崩壊して「借金の雪だるま」が各地で発生する。国際決済銀行（BIS）の統計によると「政府・企業・家計」の「世界の債務残高」は、2018年末の時点で180兆ドル（約1京9,000兆円）になっているという。（この金額は5年後の2022年末には、5倍近くまでに膨らんでいると思われる。）この債務残高は「核兵器廃絶問題」に次ぐ世界の大問題であるが、わが国が世界最初の3度目の被爆国であるにも拘わらず「核兵器禁止条約」への批准を日本政府は拒んでいる。この緊急事態に「NOの宣言」を発しているのが「宇宙大意志よりの特命」を受けた「コロナウイルスの遺伝子」と思われる。この遺伝子は宇宙界の「最古の生命の始祖」であり、「宇宙の大意志より発せられた戒律」を人類に伝えようと精力的に動き回っている。（従ってこの「宇宙の掟」を破る者はコロナウイルスが許さない。かかる意味から新国会議事堂には荘厳な戒壇院を設置することを提唱する。）改めて人類が直面している3つの大問題〈①核戦争（第3次世界大戦）②地球温暖化（気候変動問題）③世界の債務残高（世界の経済問題）〉の解決に向けて声を上げなければならない。

一方　核廃絶・木造超高層産業（CO₂ゼロの達成）の実現により、「お金に左右されない平和で安全な社会」がやってくる。又　世界の建物が木造で建築する様になっても、わが国は世界屈指の「林業大国」であり、その為の「植林事業」だけでもかなりの雇用が生まれる。しかも世界全土が「縄文時代の様な大森林」になれば、大規模な「CO₂削減」が実現し、この世は「地上の楽園」になる。

一方　「南海トラフ巨大地震」が起こった場合には、その復興費用が1,410兆円になるという試算が公表されている。（2018.6.7日本土木学会発表）この様に1回の大地震で1,000兆円余の国富

を失うことを思えば「200 年住宅」の建設により、多くの人命と
建物の被害を防ぐことが出来るのであり、そのメリットは高いも
のが考えられる。しかも 200 年住宅の木造住宅は多量の CO_2 を
200 年間も固定させることが出来るのであり、正に「一石二鳥」
である。

作　宮林幸雄
画　栃久保操
「人類の守護神」の鬼がヤマタノオロチを退治している絵
（宇宙双六より）

第11章　雑文

1.　コンピューター革命

1967年（昭和42年）

この草稿は今から50年程前に新井組社内報の投稿用として書いた
ものですが、なつかしい原稿なので本冊子に加えてみました。「海
底都市」の工事現場はまだ実現していませんが、今や「宇宙エレ
ベーター」で火星や土星に行くという「宇宙旅行時代」が来るかも
知れないという時代を迎えています。尚　当時私が勤めていた会社
では、私の退職後コンピューターの導入に取り組み始め、日本経済
新聞が下記の記事を掲載していました。

　　「中堅ゼネコンの新井組がコンピューターを導入してアパート、
　　マンションの設計支援業務を開始した。」（コンピューターの導入
　　は、ゼネコンとしては6社目であった様に記憶しています。）

日本もいよいよ電子計算機時代に入った。現在その数は2,200台余
と聞く。人間疎外——そんな批判をよそに、我国の電子計算機産業
は今やその導入期を終えて、製造自体が一つの花形産業という時代
を迎えたのである。国産人工衛星も秒読みの段階を迎えた日本であ
る。IBMやUNIVACに負けない、優秀な「国産電子計算機」が出
来るのも間もなくであろう。ところで、はじめて電子計算機が商品
化されたのは1951年（昭和26年）のことであった。当然、日本の
エレクトロニクス業界も大変な刺激を受けた訳である。これはもう
10年も昔のことになるが、小生が時習館高校の物理部という「ラ
ジオの気狂いクラブ」に居た頃には、我々で小型電子計算機を組ん
でみようという話も出た程であった。（電子計算機は、2進法を用
いる。我々のおもちゃは、パイロットランプの点滅によりその操作

を行おうとしたものであった。但し、結局は他にも色々と華やかな
テーマが多かったのと予算不足でとりやめになった。原子炉、人工
衛星、核融合、超音波、プリント配線…）それはともかくとして、
最初は真空管方式であった電子計算機も、やがてトランジスター時
代を迎えて急速に実用化し（1958年）、1964年にはIC回路方式が
実現して、ここに文字通りの「企業の神器」として面目を一新した
訳である。（追記　今の「世界のソニー」は当時は「東京通信工業
（社長　盛田昭夫）」と言っていたが中小企業でありながら華やかな
ニュースが多かった。）とにかく試作品が完成した1946年から数え
ても、当年で21才。しかも10年後の日本の電子計算機は20万台を
超すであろうと言われているのだから、これはもう一大革命である。
ここにおもしろい文章があるので一寸引用してみよう。（南沢宣郎
著「電子計算機」カッパビジネス　光文社）

　　しかし考えてみよう。わずか十年程前には、日本の会社には本
　　格的な電子計算機は1台もなかった。日本の会社はアメリカと
　　違ってスケールが小さいから、電子計算機のようなものを一般
　　の会社が使うなどということは考えられない。10年たっても
　　財閥系会社が共同で使うくらいで、せいぜい4～5台だろう、
　　と真剣に言われていた。ところが現在ではどうか。昭和39年
　　現在、日本ではすでに1,300台を超している。本場アメリカで
　　も、昭和27年ごろにはユニバックＩ型一種類だけしかなかった
　　がこれは1台で6億円ぐらいで、借りても1ヶ月で1,200万円も
　　していた。しかも図体はものすごく大きく、能力も現在の小型
　　電子計算機よりもある点では劣るという状態だった。いかに常
　　識というものが不確かなものであるか分らない。

　ところで、この企業の革命児であるコンピューターも建築関係で
はどうであろうか。昭和39年の調査によれば、鹿島建設・清水建
設のみである。何と建築の占める領域は1300分の2で、その後竹中

工務店と大成建設に設置されたと聞くが、焼石に水で業種別にみて最低である。しかもその受持部門はほとんど計算のみに限られていた。勿論、超高層時代を象徴する「霞が関ビル」の構造計算などは電子計算機がなかったら出来ない話であろう。(土木で言えば黒四ダムの補強計算。その方程式は未知数の数だけで59もあったという。) しかし、これはあくまで建築学という学問的部門においての話であって、建築という企業に立ってみるとどうも電子計算機は余り役に立っていない。強いて言えば、ネットワーク方式による工程管理ということであるが、これとても手計算のマトリックスを機械にやらしているだけのことである。要するに電子計算機は、建築に関する限り計算屋でしかない。電子計算機の歴史でいえば一昔前に属する段階である。(今尚　世間では、電子計算機とキーパンチャーはつきものであるとか、あるいはあれは単なるハイレベルの計算機であると誤解している向きがある。そして又一方、聞きかじりの経営者は、電子計算機さえ導入すればすぐに、何でも簡単に出来ると考えている。) とにかく、かくも華やかなコンピューター革命の時代において建設業界では、"鳴かず　飛ばず"というのが現状であった。一体かかる事態は何が故にもたらされたのであろうか。

　その第一は、企業的にみた「建築の後進性」にある。確かに現代建築の施工法は高度に機械化され、又　建材部門の開発は日進月歩の観を呈している。しかしそれらはあくまで、他産業の副産物でしかない。他産業の進歩の方が早いので、アナ場である建築部門に流れ込んできたのである。勿論　建築程他産業との協業を必要としているものも少ないと思う。が、そのためには建築からの「発信」がなかったら、その協業は成り立たない。やれ霞が関超高層だのと騒いでみても、所詮　鉄骨やコンクリート様々である。「現代建築のモニュマン」として、あるいは「人間の意欲の問題」として、その意義はすこぶる大とするも、建築の後進性を否定するだけのものは何ら見られない。その点、出雲大社の庁の舎は非常に前向きな発言をしていると思う。設計者　菊竹清訓曰く「今の技術では出来な

いので我慢するが、いつか私はこの壁面全体を“ガラスの壁”にしたい。」と。(私は夕食をすませた後　旅館を出て再び出雲大社を見に行ったが、この設計者の夢は夜間には実現していた。この建物は昼間は普通のRC造の建物であったが、夜間は照明のきれいな「ガラスの箱」になっていた。)非常に貴重な「建築の発信」である。それはすばらしい「夢に根ざした発言」である。やれ雨仕舞だの、納まりだのとあくせくしている現代の設計活動の中での、これは一服の清涼剤である。とにかくいつまでたっても型枠を組み、コンクリートを打ち　墨を出し…という原始的形態を遵守している限り建築は現代科学の劣等生である。次に第二の理由としては「建築工事そのものの複雑性」があげられる。先に述べた「建築の後進性」を今までのブレーキとするなら、この第二の理由はこれからのブレーキである。平たく言えば、建築というのは非常に数字になりにくいということである。

　全ての事象を0と1に置き換えるということは、建築においては殊の外難しいということである。勿論その為には相当な記憶量を要するのも事実であるが、現在そういう電子計算機側に属する問題はない様に思う。それよりも工事の複雑性をどの様に処理して、プログラムを組むかということに問題がある。しかも、いかに優秀な経営工学畑のプログラマーでも現場の仕事というものが詳しく分かっていなかったら、建築工事のプログラミングは不可能である。つまり見方をかえれば「土建屋に電子計算機を置いた所で、5年やそこらは計算以外には使いものにならない。」ということである。しかしこのことは又「そういう陣痛を過ぎた時、建築ははじめて現代企業の仲間入りが出来る。」ということでもある。では一体電子計算機は、建築という企業でどの様に利用出来るのであろうか。以下に小生の一管見を述べてみたい。恐らくあるものは独断的であり、又あるものは一人よがりの夢物語であろうと思うが、無責任な新春放談ということで自由に書きなぐってみたい。

　まず第一は、「実行予算の算出と工事報告書の作製」である。今

までの様に勘に頼ることなく、科学的に予算を算出することが可能となり、又その後においては工事報告書からも解放されることになる。つまりペンとソロバンは不要になり、現場担当者は工事計画等に専念出来る訳である。但し先にも述べた様にプログラミングが大変なので、本システムの実現にはまず10年は要するであろう。もっとも建築関係の場合、各社がどういう方面に電子計算機を利用しようとしているのか、又一般にどういう可能性が期待されているのかということについては、ほとんど公表されていないので"当然こういう方面も、研究対象として考えているであろう。"という推論に立った上での10年である。なぜなら緻密な大系（天候、工事の立地条件、出来具合の程度、職人確保の体制etc.…）に立脚して、綿密且つ大量にデーターを収集することは、工事の性質上とても一朝一夕には出来ないからである。例えば「損料」一つにしても、現在一般化している様な単純な概念で処理していては、コンピューターにかけた場合、その歪みが大きくなりすぎて、とても実用には供しえないと思う。話はややそれるが、この問題について小生はこう考えている。まず全てに対し「素価」というディメンジョンを設定する。そして素価に立地条件、工期等の条件が付加された時、これを「原価」とよぶ。但しここに言う「工期」というのは、当然ネットワークで言う所のノーマルタイムやクラッシュタイム等を追求した上での係数で、CPMとPERTの両者を考慮した係数である。CPMもPERTもどちらもネットワークを土台にしているが、前者は「費用最小」という条件で最適の工程を決めているが、後者は悲観値も考えに入れて工期の残存日数をチェックして工程を決めている。従って「工期係数」によって「工費」と「工期」の両面が把握出来ることになる。電子計算機がなかったら全く考えられない手法であるが、工程管理の面からみても、この工期係数システムは画期的であろうと思う。殊に現在の様に工期の短縮化の傾向にある時には、工法一つの決定にしても工費と工期の両面に甚大な影響を及ぼす。卑近な例を見てみると、今　型枠工事を10日延ばしたとする。

　そうしたら仮設材等の関係で工費がどれだけ増加するか。又そのことにより仕上げの工程計画がどの様に変動するか。あるいは斫り工事の減少による段取係数の上昇で全体の工期係数がどの程度に相殺されるか…。それらはたちどころに電子計算機によって決定される訳である。

　さて先程の「損料」についてであるが、要するに目に見えないロスをカットすることである。一般にこの目に見えないロスは、過去においてはあまり問題にされていなかった様であるが電子計算機にかけると累積化してとんでもない結果を生みだすのでこの面の体系化は急務である。この目に見えないロスを「政治」に関して扱ったものとして、昨年の読売新聞の「物価戦争」が挙げられるが、「損料」もかかる見地からとらえるべきだと思う。今までは一般的に「工事のロス」を見抜く力を「勘」と称していた。（これが高じると「ドンブリ勘定」という奴になる。）そしてそれは経験を重ねているうちにいつの間にか身についてくるものとされていた。つまり勘によりロスの調整が行われていた訳である。しかし考えてみたらもったいない話である。貴重な経験は電子計算機に記憶させておけば良い。それが「組織の力」というものである。二代目も三代目も先代と同じ様にして「暖簾」を守っていく「老舗商法」では発展がない。組織というものはお互いの長所でもって短所を補いあい、同じことを二度繰り返すというロスを省いて、お互いがお互いの助けになっていくことによって成長していくのだと思う。そこに100人の組織と100人の群衆との違いがある。そして「企業の実力」というのは、そういう「組織内に潜むロスの排除」にかかっているのではないだろうか。しかしながら一般に組織が大きくなればなる程ロスが増大する。書類にしても人件費にしても常にこの悪循環は繰り返されてきた。丁度建物が高くなればなる程、その建物自身の為に柱を太くし梁を大きくしなければならないという悪循環を繰り返しているのと同じである。とにかくこの部門が解決されれば、その工事についての「適正価格の算出」が容易になるので、積算面で大幅な労力の

節約が可能となり精度も増大する。又　工程管理、施工計画も非常にやりやすくなるのは当然である。第二の利用面としては、機械管理及び資材管理が挙げられる。このシステムの採用により、現場では資材台帳をつける必要もなくなり、又　倉庫で振替伝票を切る必要もなくなってくる。パネルが倉庫に何枚あるかとか、ランマーが今どこの現場に出ているかとの問合わせに対しても即刻即答である。（国鉄新幹線の座席予約はこの例で、リアルタイム方式と言われている。）その他給与計算、ボーナスの計算等は建築に限ったことではないのでここでは省くが、電通ではコンピューターで社員の勤務評定も行なっていることを付記しておきたい。何度も繰り返すが、現在の電子計算機は非常に性能が良い。マンガも描けば作曲もする。東芝では設計活動にまでコンピューターが活躍している。病気の診断もかなりの成績であるというし、一旦処方箋が発行されれば会計まで自動化している時代である。あるいは横文字を自分で読んで1人で翻訳し、縦文字で答えてくれる「頼りになる奴」でもある。身近な話題では、万博跡地の情報公社構想がある。コンピューターもここまでの組織力を持ってくると世の中は大きく変わる。例えば、TV局や映画会社と結託すれば、ビデオ屋も可能である。まずスイッチをビデオにする。そして電話で×月×日の「おはなはん」を見たいと言えばすぐにそのビデオテープが見られる訳である。問題は放送システムの有線化とビデオテープの記憶システムの構築のみ。これで映画館は完全に廃業の身となろう。待つことなど全くなしに、座頭市シリーズもウエストサイド物語もオリンピックの実況放送も、居ながらにしてすぐに見られるのだから。これは一大「文化革命」である。なぜならばありのままに、そして意のままに全てを伝達することが出来るのだから。例えば小生がベートーベンの第九に価する名曲を作曲したとする。過去においては、その名曲を後世に伝えるには楽譜に頼るしかなかったが、現在はその楽譜以外にレコードがある。ステレオが静かなブームを呼んでいる所以（ゆえん）である。しかし未来においては、小生はその名曲を電子計算機に記憶させて後世に

226

伝えることが出来る。とにかく万博の後、この千里ヶ丘に大英博物館など足下にも及ばない様な大情報センターが出来ることを期待したい。すばらしき文化の殿堂として。

ところで現在の研究課題は、INPUT と OUTPUT におかれているが「筆記文字のくせ」とか「言葉におけるアクセント」の問題等々で、100％の精度を期待するには色々難題も残されている。例えば皆が標準語を使えば電話交換手も要らない訳で、受話器をはずして「新井組　八木通商」と言えばダイヤルを廻さずともちゃんとこの山奥の現場につないでくれる。（方言を使うと「分かりません。もう一度言って下さい」と電子計算機に叱られる。）こういう研究は電々公社あたりがやるべきことであるが、今の所　研究対象にすらされていない。原理的にも又　技術的にも可能であるのに、そういうテーマすら出ていないのは残念である。

OUTPUT でおもしろいのは、電子プリンターである。これは現在試作品のみで、実用化するにはあと 10 年位かかると言われているが、これが出来ると設計活動の分野にまで電子計算機が進出することになる。つまり設計データーを INPUT すれば、すぐに図面が描ける勘定である。但し電子計算機というのは自分の経験以上のことは絶対に出来ない。従って純粋の創造活動は出来ないが、大抵のものは電子計算機ですぐに出来る筈である。しかしその実現を見るにはあと 30 年は要するであろう。一般に芸術活動の 95％まではコンピューターで可能だという説の人もいると聞くが、小生の考えではそれは無理だと思う。なぜなら経験の集積でもって芸術の領域に立ち入ることは不可能であろうと思うから。これに関連して現在、読図方式の研究もされているが、その完成の暁には積算は全く不要となり施工図も電子計算機が全てやってくれることになる。でもこれは大分先の話で、まず 50 年後位であろうか。

どどい、50 年後となると建築そのものも大分変わってくる。例えば現場勤めも 8 割方は海底生活である。地上にあるのは、住宅とか学校とか病院、自然公園位で工場もオフィスも百貨店も皆海の底。

太平洋には大海底王国が次々と建設されている訳である。洋上にポツリポツリと浮かんでいるあのタワーは太陽系本線のロケットセンター。今度の正月には火星にスキーに行こうかなんてイキなことを言っている奴も出てくるが、まあ建築現場の連中には関係ない。太陽もオガメズと海の底で寝正月だ。あいかわらずラーメンともちを食べながら…。

（大阪千里山　八木通商の現場にて）

追記（30・1・20）

筆者はこの頃コンピューターに関心を持っていたので昭和43年には「ビジコン162」のパソコン式計算器を298,000円で購入し、（今なら100円ショップで108円で売っている。）又　昭和62年にはIBM5560の「コスモCAD」をリースで導入した。当時毎月135,500円のリース料は会社の大きな負担であった。(5年間で813万円の出費になった。）本稿で触れている電子プリンターは現在の「CADシステム」のことである。本原稿ではこれが実用化されるのは10年後の1977年（昭和52年）頃と予測していたが、その10年後（1987年）には小さな会社の当社が導入していたことになる。今さらながらにコンピューターの進化のスピードの早さには驚かされる。

2.　エネルギー革命

2018年2月2日

私の20代の頃は本冊子の草稿の如く「コンピューター革命」の時代であった。

しかし今や第5次産業革命の「エネルギー革命」の時代を迎えようとしている。それも石油や天然ガスやシェールオイルといった地下資源ではなく「自然エネルギー」という新時代を迎えている。しかも東電福島原発事故後の太陽光発電の進歩は目ざましく、一昔前の1/5の低コストで設置出来る時代を迎えている。（風力発電のコストも1/2になった。）もう50年もしたら月面基地にメガソーラーの「太陽光発電所」で造った電気を無線で地球に送電することの出来る時代がやってくるかも知れない。（「無線送電」の記事はH30・1・1付中日新聞による。）そうなるとわが国は発電用エネルギーのコストを1年間に25兆円もペイしているのであり、わが国の貿易収支はすごく好転する。勿論このメリットは国際社会で分けあう為の「宇宙からのプレゼント」であり、地球市民にとってラッキーな話である。但し　こんな時代がくると産油国は今までの様な贅沢はしておれなくなる。要するに石油がなくても電気を発電し「送電線不要の電気」を使うことが出来るのだから　世界の石油消費量は激減しOPEC（石油輸出国機構）は大打撃を受けることになる。

尚　月に発電所を建設するとなると、その建設技術者を月の現場に送り込まなければならないが、この件についてはゼネコンの清水建設が「月に住宅を建設する」研究を早くから手がけているので心配はない。勿論「水の課題」は残るが、これは世界一の電波塔の「スカイツリー」を建設した大林組が研究を続けている「宇宙エレベーター」を使って太平洋の海水をくみ上げれば良い。又　海水を淡水化する技術は日本のお家芸なので全く心配はない。それに「太平洋の海水を月に送る技術」を確立することが出来れば「スーパー台

風」の発生を未然に防ぐことが出来る。（温かい海水を月に放出することにより海面水温の上昇をくい止めることが可能になる。）これこそが世界憲法が唱えている「戦争」や「原発」を無くした理想世界の実現である。私は中学生の頃に「宇宙エネルギーの固定法とその増幅法」という構想を具体化する為にマンガの主人公の「ドラえもん」の様に頭と背中にヘリコプターのプロペラをつけて「宇宙エネルギーで空を飛ぶことの出来る宇宙服」をマンガに描いていたことがある。その頃私は「豊橋アマチュア無線クラブ」や「豊橋向山天文台（金子功台長）」に入会していたので　京都大学花山天文台の先生から神秘的な宇宙の話を聞く機会があった。又　一方では中学校からの帰り路に豊橋市立図書館（今の豊橋市公会堂の東隣りにあり、RC造3階建の風格のある建物であった。）に立ち寄り、ラジオの本（この頃高額商品のテレビを自分で組み立てようとして回路図の勉強をしていた。）や学会の論文を読みあさっていた。そして「洗剤不要の超音波洗濯機」や「音のしない超音波銃で蛙を殺す実験」等を考えていたが、後に時習館高校物理部で学園祭にこの装置の出展を試みた。しかし　キューリー夫人の「ピエゾ効果」の実験がうまくいかなかったのでこの公開実験は失敗に終ってしまった。その後この「超音波の研究」は後に後輩が引きついでくれて　読売新聞主催の「第6回日本学生科学賞」の3等賞に入賞し、NHK教育TVの30分番組でその内容が全国に放映された。何れにしろ、人類が必要としているエネルギーを自然界からゲット出来る様になれば、宇宙にはその資源は無尽蔵にある。「エネルギー革命」の時代はすぐ近くまで来ている。

3.　豊城中学にゴジラが出現する（豊城中学　昭和31年学園祭）

1954年（昭和29年）頃から「ゴジラ」が映画になって登場した。
一方では「原子力の平和利用」のエースとして「鉄腕アトム」の連
載マンガが昭和52年から始まり　「原子力」が当時の子供達の関心
事になっていた。しかしこの度のフクシマ原発事故により「原発の
安全神話」はもろくも崩れた。

〈キャスト〉
ゴジラ　　　　　　核実験の落し子で　大都会に現れて暴れまわり
　　　　　　　　　ビルや鉄橋や列車を破壊して猛威をふるう。
原始人　　　　　　南京袋から首を出し　手足に泥えのぐを塗った男
　　　　　　　　　女（生徒の変装）が手に手に槍を持って、放射能
　　　　　　　　　をまき散らすゴジラ（昭和を代表する怪獣）を
　　　　　　　　　やっつける。
企画・デザイン　　宮林幸雄
制作　　　　　　　豊城中（7回生）3年5組一同（指導　故鈴木武先
　　　　　　　　　生）

4. 吉田城戦国史博物館計画案

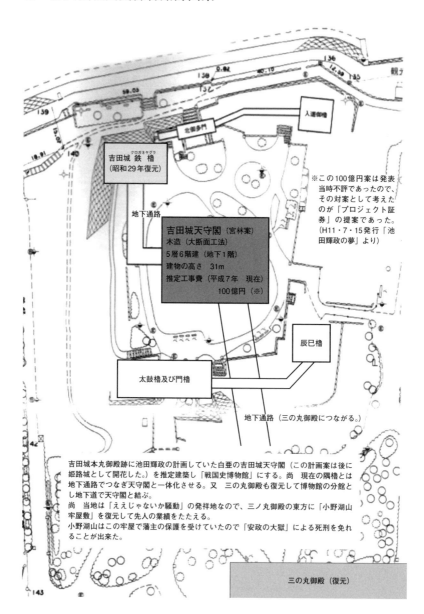

吉田城 鉄 櫓
（クロガネヤグラ）
（昭和29年復元）

地下通路

北御多門

入道御櫓

吉田城天守閣 （宮林案）
木造（大断面工法）
5層6階建（地下1階）
建物の高さ　31m
推定工事費（平成7年　現在）
100億円（※）

※この100億円案は発表
　当時不評であったので、
　その対案として考えた
　のが「プロジェクト証
　券」の提案であった。
　（H11・7・15発行「池
　田輝政の夢」より）

辰巳櫓

太鼓櫓及び門櫓

地下通路（三の丸御殿につながる。）

三の丸御殿（復元）

吉田城本丸御殿跡に池田輝政の計画していた白亜の吉田城天守閣（この計画案は後に
姫路城として開花した。）を推定建築し「戦国史博物館」にする。尚　現在の隅櫓とは
地下通路でつなぎ天守閣と一体化させる。又　三の丸御殿も復元して博物館の分館と
し地下道で天守閣と結ぶ。
尚　当地は「ええじゃないか騒動」の発祥地なので、三ノ丸御殿の東方に「小野湖山
牢屋敷」を復元して先人の業績をたたえる。
小野湖山はこの牢屋で藩主の保護を受けていたので「安政の大獄」による死刑を免れ
ることが出来た。

5.　浜名湖新国会議事堂計画案

本案は「わが国の首都移転」を目ざした新国会議事堂の草案です。
(当地方は今も「三遠南信首都機能移転候補地」として国土庁に登
録されています。) 一方　世界連邦は「地球社会の平和の仕組み」
を作ろうとした「世界首都」です。世界連邦が「平和の司令塔」と
して「戦争のない新時代」を切り開くことを願望致します。本議事
堂はあらゆる権力から独立していなければなりませんが、この建築
予定地は浜名湖の湖水によって俗界から遮断されています。又　展
望台の上階には戒壇院が設けられていて五府の長は宇宙の大意志か
ら戒律を受ける。

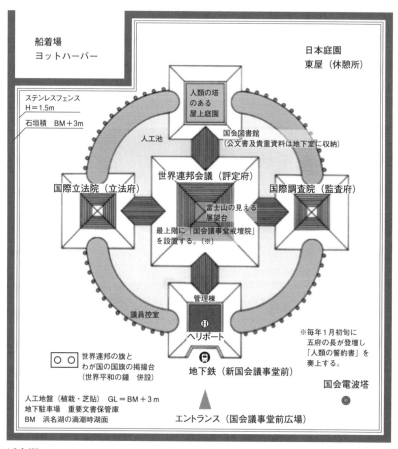

船着場
ヨットハーバー

日本庭園
東屋（休憩所）

ステンレスフェンス
H＝1.5m

石垣積　BM＋3m

人類の塔
のある
屋上庭園

国会図書館
（公文書及貴重資料は地下室に収納）

人工池

世界連邦会議（評定府）

国際立法院（立法府）

国際調査院（監査府）

富士山の見える
展望台

最上階に「国会議事堂戒壇院」
を設置する。（※）

管理棟

議員控室

ヘリポート

世界連邦の旗と
わが国の国旗の掲揚台
（世界平和の鐘　併設）

地下鉄（新国会議事堂前）

※毎年1月初旬に
五府の長が登壇し
「人類の誓約書」を
奏上する。

国会電波塔

人工地盤（植栽・芝貼）　GL＝BM＋3ｍ
地下駐車場　重要文書保管庫
BM　浜名湖の満潮時湖面

エントランス（国会議事堂前広場）

浜名湖

人工池を囲んだ空中廻廊には議員控室が連なっている。
（出典　未来を語り新都を創ろう）

6.　浜名湖に浮かぶ　水上建築の
　　新国会議事堂計画案のパース（1994年版）

浜名湖に浮ぶ新国会議事堂の想像図

草案　　宮林　幸雄
パース　岡本　欣吾（豊橋技科大卒）

地上走行併用式地下鉄（首都環状線）の走行ルート

新豊橋駅（現　JR二川駅）―新国会議事堂―浜名湖ドリームラン
ド―新浜松駅（現　JR浜松駅）―浜北市駅―龍潭寺―設楽ヶ原古
戦場―JR新城駅―豊川稲荷前（大駐車場の地下）―豊橋駅（現
JR豊橋駅）―新豊橋駅（現　JR二川駅）

「東京一極集中」を是正して「廃県設州制」の新都を創ろう。そして「地産地消」のネットワークを作って地方分散型の効率社会を築こう。首都機能を移転すれば、世の中がガラッと変わる。そして国会を移転するなら、政治が変わり、非効率な行政が改まる。

又 「林業再生」と「木造超高層」で「首都機能移転」をすれば、地球温暖化問題や土地問題や巨大台風問題や失業問題が一拠に解決し、「環境」と「経済」の両立した新しい国づくりが出来る。今はコロナで世の中が閉塞状態に陥っているが、わが国が「遷都」を行えば"世界"が明るくなる。そして「木造建築」と「遷都」で「CO_2ゼロ」を実現すれば台風がなくなる。

7.　地震等の災害対策を考える

2018年8月1日

㈱宮林工務店

1級建築士　宮林幸雄

1.　わが国の地震の歴史

わが国は世界有数の地震大国であり、下記リストの如く多くの大地震が起こっている。

〈わが国の主な大地震の歴史〉　　　　　○印は巨大地震を示す

No.	名称	発生年月日	マグニチュード	被災地	津波	噴火	備　考（古文書等の記録）
1	白鳳地震	684・11・29（大和時代）	推定8.3	土佐・東海	来襲		液状化現象が起こり田畑が沈下する。
②	貞観地震	869・7・13（平安時代）	推定8.3以上	三陸沿岸	貞観津波により1,000人が死亡	富士山噴火（864）	富士山の大溶岩流で「青木ヶ原」が生れる。
3	正平地震	1361・8・3（南北朝時代）	推定8.5	土佐・畿内	来襲		大阪の天王寺まで津波が侵入する。
④	明応地震	1498・9・20（室町時代）	推定8.4	東海	来襲		静岡県の浜名湖が外海の太平洋につながる。志摩半島で15mの大津波が来襲する。
5	慶長地震	1605・2・3（江戸時代）	推定7.9	四国・畿内	来襲		三河地方で頻発地震　伏見城大破
6	慶長三陸地震	1611・12・2（江戸時代）	推定8.1	三陸沿岸	来襲		
⑦	元禄地震	1703・11・23（江戸時代）	推定8.2	江戸・箱根・小田原	来襲	浅間山噴火（1704）	小田原城大破（石垣が崩れる）死者　約2万人
⑧	宝永地震	1707・10・28（江戸時代）	推定8.4	東海	来襲	富士山噴火（1707・11・23）	吉田城本丸御殿が倒壊する。
9	安政東海地震	1854・12・23（江戸時代）	推定8.4	関東・東海	来襲		10mの大津波

No.	名称	発生年月日	マグニチュード	被災地	津波	噴火	備 考（古文書等の記録）
10	安政南海地震	1854・12・24（江戸時代）	推定8.4	畿内・東海	来襲（最大16m）		死者数千人
11	明治三陸地震	1896・6・15（明治時代）	推定8.5	岩手県	来襲		
⑫	関東大震災	1923・9・1（大正時代）	7.9	関東	来襲（最大28.7m）		死者・不明者　14.2万人首都・東京が大火により灰じんに帰す。
13	幻の東海地震	1944・12・7（昭和時代）	7.9	東海道沿岸			軍部の報道管制により未発表　尚余震で三河地震（M6.8 1945・1・13）が起こる
⑭	阪神大震災	1995・1・17（平成時代）	7.3活断層による直下型地震	阪神ベルト地帯			最大加速度　833ガル家屋の全半壊24.9万棟
⑮	東日本大震災	2011・3・11（平成時代）	9.0	東北地方太平洋沿岸	来襲（最大9m）		東日本太平洋沿岸で大きな地殻変動（最大5m）東電原発事故
16	熊本地震	2016・4・142016・4・16（平成時代）	6.57.3	熊本地方			熊本城の石垣が崩落する斜面崩壊により阿蘇大橋が落橋する

2.　地震の空白域について

当地方の遠州灘には「フィリピン海プレート」が張り込んでいて、そのプレート（地殻）を取り囲む様に四国・紀伊半島沖に「南海トラフ」　静岡県の駿河湾に「駿河トラフ」　神奈川県の相模湾に「相模トラフ」が走っている。この様に　当地方は地殻の不安定な部位に位置している為、下記の如く<u>100 ～ 150年周期で大きな地震が繰り返し起こっている。</u>

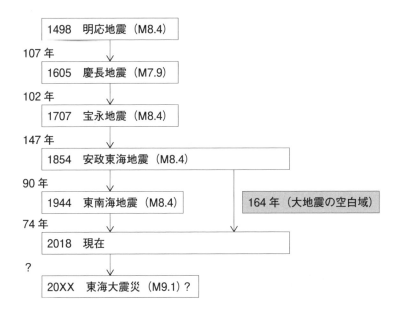

この様に　当地方では周期的に大地震が発生しているが、1854年
の安政東海地震以来　地震空白域が164年間も続いている。この様
な地殻の歪みを受けて「南海トラフ巨大地震」が発生したならば、
地震学者が警鐘を鳴らしている様に　甚大な被害が発生する恐れが
ある。当然ながらこうしたアクシデントをセーブする為には「建物
の耐震化」が急務の課題になる。

3.　近年の大地震の被害状況

平成時代に入ってから立て続けに大地震が発生しているが、下記の
様に多くの人身事故や住宅の倒壊が発生している。

a. 阪神大震災

　　発生年月日（マグニチュード及震度）

　　　　　　　　　　　1995年（H7年）1月17日（M7.2　震度7）

　　死者　　　　　　　5,423人

　　住宅の全壊　　　　104,906棟

　　住宅の半壊　　　　144,274棟

住宅の一部破損　　　　90,506棟
b. 東日本大震災
　発生年月日（マグニチュード及震度）
　　　　　　　　　　2011年（H23年)3月11日（M9.0　震度7）
　　死者　　　　　　　　19,418人
　　行方不明者　　　　　2,592人
　　住宅の全壊　　　　　121,764棟
　　住宅の半壊　　　　　280,121棟
　　住宅の一部破損　　　726,443棟
c. 熊本地震
　発生年月日（マグニチュード及震度）
　　　　　　　　　　2016年（H28年)4月14日（M6.5　震度7）
　　　　　　　　　　4月16日（M7.3　震度7）
　　死者　　　　　　　　69人
　　住宅の全壊　　　　　8,125棟
　　住宅の半壊　　　　　28,424棟
　　住宅の一部破損　　　133,140棟

特にbの「東日本大震災」では「大津波」と「東京電力の福島原発事故」の大事故が重なり、21世紀最大の惨事になった。
尚　前項の3件の大地震の被害状況を集計するとその状況は下記の様になる。
　　死者及行方不明者　　27,502人
　　住宅の全壊　　　　　234,795棟
　　住宅の半壊　　　　　452,819棟
　　住宅の一部破損　　　1,250,089棟
　　合計　　　　　　　　1,937,703棟
この数字は太平洋戦争の戦場に散った学生さんの絵（無言館）を見る様に切ないものである。（こうした悲しみは「建築の力」で無くさなければならない。）

4.　大地震発生後の経済被害

大地震発生時には前項の如く人命や家屋倒壊の被害が巨人になるが、大地震発生後の20年間の経済被害も甚大である。

わが国の土木学会では「南海トラフ巨大地震」が発生した場合のその後の20年間の経済被害を最大で1,240兆円と推計している。20年という期間は阪神大震災の経済的影響がほぼ解消されるのに掛かった期間から設定された。何れにしろこの巨大地震が起こればわが国のかなりの国富が失われることになる。尚「首都直下型地震」による内閣府の試算による被害推定額は下記の様に想定している。

  地震発生時の被害推定額　　　　最大で77兆円
  20年間の経済被害額　　　　　　最大で731兆円
  20年間の税収減少額　　　　　　最大で77兆円

5.　今後のわが国の防災対策について

a. 地震対策

 地震は「天災」であり、地震そのものをなくすことは出来ない。しかし　地震対策を考えた家づくりをするなら　その被害を少なくすることが出来る。その様な意図の下に　下記の建築基準法の改正案を提案する。

 改正案

建築基準法第6条の「4号特例」を廃止して「100㎡以上の木造住宅の構造計算を義務化する。」そして「壁量計算」による簡略法を構造計算としては認めないことにする。（現実にはこの「4号特例」により木造住宅の8割以上の物件が　構造計算をしていなくても確認申請が通ることになっている。）しかもその保有強度は最低500ガル（ガルとは地震の揺れである「加速度」の強さを示す単位）以上とし「600ガル仕様」を採用している場合には国から補助金を支給して「木造住宅の強靱化」を後押しする。（現行の一般建築物の標準強度は400ガル）

本対策の法律を施行することにより、3項の地震による死者及行方不明者である2.7万人の犠牲者と23万棟の全壊建物は激減することになる。又　この法律改正により住宅業界が一時的に大きな打撃を受けることが考えられるが、地震時の倒壊物件が減少することによりわが国の「国富の減少」がくい止められるので日本経済はやがてプラスに振れる。

b. スーパー台風対策及び豪雨対策

この問題は地球規模で考えなければならないグローバルな課題である。しかし近年太平洋の「海面水温の上昇」が気象異変や大気の不安定化を招いている。

しかし人類はこの問題の解決策を未だ見つけ出していない。少なくとも「目先の経済優先」の論理や「自国の国益」のみを考えていたのではこの「地球環境問題」を解決することは出来ない。そしてこのまま「海面水温問題」を放置しているなら、これから先台風が激増すると共にゲリラ豪雨が多発して「異常気象」が日常化する。こうした自然災害に対して人類がとりうる防災対策は、建物の構造計算を行って「スーパー台風」や「豪雨災害」に負けない家づくりをすることと、世界が一丸になって「地球温暖化問題」に取り組むことである。

c. 白蟻対策

2017年にカナダで18階建の「木造超高層」の学生寮が完成した。又　英国の大学では「木造80階建の研究」が進んでいるというし、わが国でも住友林業住宅が「木造70階建」の建設計画案を発表している。一応　わが国でも「木造3時間耐火」の耐火性能が承認されたので「CO_2問題」という地球環境問題と共にコストの高騰化を続けているタワーマンションの建築費の問題を解決する為にも「木造超高層」は避けて通れない時代になっている。当地の豊橋でも現在SRC造14階建のマンションが工事中であるが、

こうした物件が近い将来「木造で建つ時代」が来るかと思うと何かしら空恐ろしいものを感ずる。

しかしこれから秒速90m超の「スーパー台風」が来襲する時代がやってくるのであり、地震力と共に風荷重の対策は避けて通れない課題である。又　一方では「白蟻問題」についても踏み込んだ研究をしないと深刻な建築災害を引き起こすことになる。少なくとも現在の様に「5年毎の白蟻調査」を定期的に行なわなければならないという仕組みから早急に脱却しなければ「木造超高層の時代」を迎えることは出来ない。しかし　もしかしたら、近い将来「白蟻探査・駆除ロボット」が開発されてこうした問題がクリアーされているかも知れない。（本ロボットは白蟻をピンポイントで発見し、即時に超音波銃で駆除するハイテクマシーンである。）因に3年位前の国交省の調査では「交通事故の事故遭遇率」が0.79％なのに「白蟻事故の発生率」は18.9％という結果を公表している。実にその事故率は交通事故の24倍弱の高い率であったという。恐らく白蟻調査の事例が増えれば、この事故率はもっと高くなるものと思う。（白蟻調査は5年に1度行うのが望ましいとされているが、現実には「家は建てっぱなし」というケースが多い。）

d. エネルギー対策

「エネルギー問題」は「水・食糧問題」と共に重大なファクターである。少なくとも人類は命を犠牲にしてまでして「原子力エネルギー」を選択すべきではない。これからは「原発ゼロ社会」を目指し「原子力発電」から決別しなければならない。でないと原発事故が起れば人間の能力では対応不能の大惨事になる。この様な理由から「再生可能エネルギー」を活用した社会を確立しなければならない。即ち　一旦原発事故が起こるなら「放射能」が人類社会を破壊し、人間は10万年余の超長期の避難生活を強いられることになる。その点　台湾ではわが国の「東電原発事故」

を教訓にして「脱原発の国づくり」を国是として掲げ、再生可能エネルギーの導入に向けて積極的に取り組んでいる。当事国のわが国が未だに「原発再稼働」の旗を降せずにいることを思うと台湾の行動力には頭が下がる。要するに原発事故に対処した防災対策は皆無であり、こんな危険なものを人類は容認してはならない。

e. 土砂災害対策

「ゲリラ豪雨」は山崩れや土砂災害を引き起こすので建築地を選ぶ際には崖地等を避けなければならない。又　傾斜造成地もリスクがあるので避けた方が良い。尚　熱波や落雷による「森林火災」も異常気象と共に今後は増大するので、森林に近い場所は危険地帯として考慮する必要がある。しかし森林は多量のCO_2を吸収するし、人間に必要な酸素を供給してくれるので「計画植林」によって国土を護る必要がある。特に農業と漁業と林業は国家の基幹産業でありこの産業が弱体化すると国は傾く。これからは「国家100年の計」に立って林業の育成に努め「木材自給率60％」を実現して国土強靭化に努めなければならない。（「食料自給率」は当面80％を目ざす。）

戦後のわが国は自動車等の工業製品の輸出に努めてきたが、これからのわが国は農業と林業製品の輸出に力を入れるべきである。又　わが国が「木造ゼロエネルギー温室の植物工場」に力を入れるなら「農家ロボット」の導入により　農業界に大きなイノベーションが起こることになる。そしてわが国が国策として農業と漁業と林業の振興に努めるなら、貿易摩擦に振り廻されることなく、わが国の商品は世界の人々から歓迎されることになる。そして真の「世界の恒久平和」に貢献することが出来る。

8.　あとがき

「憲政の神様」と言われた尾崎行雄（1858 ～ 1954　衆議院議員連続25回当選　議員勤続63年）は昭和20年12月11日に「世界連邦建設に関する決議案」を第89回帝国議会に提出した。（この提議は昭和20年12月14日付の官報第5658号に掲載されている。）当時のわが国はGHQ（連合国軍総司令部）の占領下にあった為にこの議題は廃案になったが、本議案は時代の最先端を見つめた画期的な発議であった。この様に世界に先がけて「世界連邦の建設案」がわが国の国会に提議されたことは、日本国民の誇りとする所である。尾崎行雄は世界連邦建設同盟（昭和23年8月6日創設　現、世界連邦運動協会）の初代総裁で、世界連邦日本国会委員会の結成（昭和24年）に関わった賀川豊彦（※）は副総裁であった。そしてこの建設同盟が発展して今日の世界連邦運動につながっていった。

（※）　賀川豊彦（1888 ～ 1960）は世界を舞台に活躍した平和運動家で、ガンジー　○シュバイツアー　○アインシュタイン　○ラッセル　チャーチル　○湯川秀樹　尾崎行雄　与謝野晶子　徳富蘆花等の多彩な著名人から支持された。（○印はノーベル賞受賞者）
賀川豊彦は5回もノーベル賞候補（平和賞3回　文学賞2回）にノミネートされたということであるが、日本政府の承認が得られなかった為にその受賞は実現しなかった。（賀川豊彦には過激な労働運動による投獄歴があった。）

実はこうした世界連邦運動のことを私が知ったのは近年になってからのことであるが、（少なくとも宇宙双六制作時には知らなかった。）私は「世界平和」の実現の為には日本国憲法第9条の様な世界憲法を制定することが絶対に必要であると思っていた。しかもその作業に当る者は太平洋戦争の悲惨さを知っている者がやらなければならないと考えていた。そして21世紀初頭の1/4世紀以内に行う

べき「世界の大業」であるとの思いに立ち、吉田松陰の教育力と坂本龍馬の実行力にその範を求めた。

こうして私は2000年1月2日に、名古屋発の夜行列車に乗って家族旅行の旅に出た。しかし「これから21世紀が始まるのだ。」と思うと缶ビールをいくら飲んでも眠ることが出来ず、早朝の高知駅に着いた頃には正月早々激しい歯痛に襲われた。（この夜汽車の中で痛みをこらえながら作成した条文が世界憲法第9条である。）そんなアクシデントの中で「坂本龍馬の旅」がスタートしたのであるが、早いものでその「南国土佐への旅」から15年もの歳月が流れた。そして千利休の命日である平成27年2月28日にゲラ刷第1号が出来上った。勿論その間の空白期間が長かったことは事実であるが、戦争をなくすことが如何に難しいことであるかということを改めて痛感させられた。又この15年の間に私にとっても色々のことがあった。わけても癌の手術や工事現場で遭遇した2階からの墜落事故（腰椎骨折）で4ヶ月もの入院生活を余儀なくされた。（数えてみたらこの15年の間に豊橋市民病院・名古屋大学医学部附属病院・光生会病院・福井医院で合計10回も入院し、夫々の先生方にお世話になった。）そして昨年は母の死（享年102才）にも直面し仕事の面でも色々と苦労が続いた。しかしそんな中で、曲がりなりにも世界憲法の形が出来上ったことには感慨深いものがある。

太平洋戦争の終戦後、焦土と化した国土に流れていたラジオの歌が「リンゴの唄」（作詞：サトウハチロー　作曲：万城目正　歌：並木路子と霧島昇）と「青い山脈」（作詞：西條八十　作曲：服部良一　歌：藤山一郎と奈良光枝と「鐘の鳴る丘」（作詞：菊田一夫　作曲：古関裕而　歌：松田敏子）であった。今から思うと敗戦直後の混乱期にも拘らず思わず涙の出る程　明るい歌であったと思う。そこには子供心に「もう空襲警報発令のあの無気味なサイレンは鳴らないし、米軍爆撃機のB-29も飛んで来ない。」という平和のもたらす安堵感があった。私たちは新教育制度による最初の生徒であった

が、その小学校（豊橋市立岩田小学校）の入学式では白い紙切れに
包まれた2粒の黒砂糖が入学祝として配布された。それを学校から
の帰り道で口にした時のおいしさは今でも忘れることが出来ない。
今つくづくとあれが「平和の味」であったと思い起こしている。わ
が国はもう一度あの終戦直後の「明るさ」と「希望」をとり戻さな
ければならない。「国破れて山河あり」のあの「自然のかもし出す
優しさ」をもう一度とり戻さなければならない。そして世界憲法と
世界連邦によって「平和の仕組み」を作り、核兵器と原発とテロと
貧困をなくさなければならない。この大業をなし終えた時、人類は
「人間主義社会」というすばらしい時代を迎えることが出来る。

合掌

2015年3月1日
宮林幸雄

追記（2015年7月15日）
私は船井幸雄（1933 ～ 2014）やラビ・バトラ（1943 ～ インドの経
済学者）が警鐘を鳴らしている様に、現在の資本主義社会は間もな
く大破壊をすると思っている。そしてその考えを宇宙双六では
2033年（平成45年）頃としてみた。だからこの混乱に巻き込まれ
ない様に、私は世界憲法を2020年までに制定しなければならない
と考えていた。とにかく今は人類が経験したことのない「危機の時
代」に直面しているが、宇宙双六の28番駅には下記のコメントを
つけてみた。

　㉘　米国が破産しドルは紙屑になる（約40年後）
　※宇宙双六制作時の40年後は2033年（平成45年）に相当し、
　　今年（平成28年）から数えて18年後になる。即ちあと20年
　　足らずで　地球上で栄華を極めた資本主義社会の米国は消滅
　　することになる。

9. 平成時代の最期<ruby>最期<rt>さいご</rt></ruby>に思う（改元後20年間の予測）

平成31年（2019年）1月12日

30年間にわたる「激動の平成時代」が間もなく終り　新しい元号の時代が今年の5月から始まる。私は新元号を「永和」と予測している（末永く平和であれ）が、改元後20年までの間に、下記の様な大事変が起こるのではないかと考えている。

①トランプ米大統領の罷免

　トランプ大統領の発言は「自国第一主義」と「自分への支持票集めのエゴ」であり、これでは「人類益」が失なわれる。超大国の大統領は「世界のリーダー」としての良識をもって言動してほしい。

②米中貿易戦争が長びき「世界大不況」が始まる。

③日経平均株価が1万円割れの「大暴落」が起きる。

　巨大企業の倒産がトリガーになり、わが国の金融機関や企業の破綻が続く。

④2019年10月予定のわが国の「消費税増税」が再延期になる。

⑤わが国の政局が混乱し「衆参ダブル選挙」で与党が敗北する。

　年金不正流用による「株価操作」や「統計不正」や「総理の欺瞞<rt>ぎまん</rt>（森友・加計学園問題）」や「改憲発議」等で国民の怒りが爆発する。

⑥日米欧の景気悪化（世界同時不況）

⑦中国バブルの崩壊

　中国の国際プロジェクトの「一帯一路」が暗礁に乗り上げ、中国経済が行きづまる。

⑧太平洋の「海面水温の上昇（33℃）」で風速100m/秒の「スーパー台風」が発生し日本に上陸する。

⑨「東海大震災」と「富士山大噴火」と「浜岡原発事故」とのトリプル大災害が勃発し　わが国史上最大の国難になる。

富士山は有史以来少なくとも6回も噴火しているというし、東海地方の「大地震の空白域」は165年を数えていて「東海大震災」はいつ起こっても不思議ではない。

⑩「世界憲法」の制定と「世界連邦」の創設

わが国が下記を呼びかけて「平和」の価値観を訴えるなら、世界の人々がわが国を応援してくれる。

　　イ．「核兵器」と「戦争」と「原発」をなくす。

　　ロ．世界の「難民・移民」を救済する。

　　ハ．貧困の撲滅

　　ニ．地球温暖化の防止

　　ホ．「絶望社会」から脱却して生きがいのある「希望の社会」をつくる。（民衆を豊かにする。）

10. 未来社会のデザインとSDGs（エスディージーズ）の国際目標

デザインとは「問題解決」というラテン語がその語源であるというが、目の前の顧客の悩みや課題を解決するのがデザインの本質である。正に「地球温暖化問題」という課題はデザインの目標である。この視点から考えるなら「建築のデザイン」とは「地球と人類社会の課題」を考えることでなければならない。

第1ステップ　「木造3次元門形ラーメンフレーム」と「白蟻撲滅システム」の研究
　　　　　　　※イ．「木造3次元ラーメンフレーム」の破壊実験を行えば「3次元門形ラーメン」の構造的優位性を確かめることが出来る。
　　　　　　　※ロ．「白蟻被害根絶システム」（白蟻100年保証）の開発
第2ステップ　「木造超高層」の到来と「SDGsの推進」
　　　　　　　※前項システムの研究成果を踏まえ、国際的課題のエスディージーズに向けてわが国がその口火を切る。（エスディージーズとは、2030年を目標年として定められた17の国際目標と169のターゲット指標からなる国際社会共通の目標）
第3ステップ　「林業の活性化」と「木造超高層産業」の育成
　　　　　　　※わが国は国土の68％が森林であり世界第4位の林業大国なので、この資源を活用して地球環境問題にとり組む。そして「自動車産業」や「宇宙産業」に続いて「木造超高層産業」という成長産業を立ち上げて輸出に力を入れ「国富の増大」に努める。

第4ステップ　「地球温暖化」の解消

※「森林資源の活用」が「地球環境問題の悪化」に
歯止めを掛け、山間地の「過疎問題」の改善を図
る。（日本列島林業再生論）そして「CO_2ゼロ」
の持続可能な社会を到来させる。

第5ステップ　世界平和の実現（「戦争放棄」と「原発ゼロ」が人
類を救う。）

※世界が平和になると観光業が盛んになり、世界経
済が活性化する。

経済界や政治家は「短期利益の最大化（目先の利益の追求）」を求
めているが、こうしたスタンスは人類社会に大きな社会的課題をも
たらし　「負の遺産」を残すことを忘れてはならない。今　名古屋
の経済界では「リニア新幹線」の建設ブームが起こり　名古屋駅前
の地価が上昇している。しかしこのプロジェクトは「電磁波問題」
を置き去りにして見切り発車をしてしまった。この先　本工事の完
成後には「ガン患者の激増」と「人口減少」の問題は避けられない。
特にこの問題は「原発問題」や「核戦争」と同様の「根」を持って
いるが、気がついた時には「手遅れ」になっていたという「過ち」
を起こす恐れが多分にある。

11. 改元雑感

令和元年5月20日
宮林幸雄

10日間の大型連休と共に「令和の新時代」がスタートしたが、どうも世界の雲行きは思わしくない。「昭和」への改元の際には「金融恐慌」が起こって　日本は戦争への道を突き進んでしまった。そして「昭和」から「平成」への改元では「バブル崩壊」が生じてわが国は「失われた20年」という苦汁をなめた。又　この度の「令和」への改元では「米中貿易摩擦」が起こっているが、この交渉は「経済と先端技術の覇権争い」の観を呈している。(須らく経済活動には「周期の脈動」が存在するが、これを人為的に押し止めることは不可能であることは過去の歴史が物語っている。) このままの状況ではやがて「世界大不況」の時代が到来する。(もしもこの大事変が引金になって「中国バブル」が崩壊するなら世界経済は大破壊する。) この状況はわが国の「応仁の乱 (1467 ~ 1477)」を彷彿させるものがある。わが国ではこの内乱によって下剋上が繰り返され、やがて戦国時代という断末魔の世界になった。この戦国社会では徳川家康が天下を統一し「元和偃武 (1615)」を発令して「軍事力解体」を実現させたが、それまでに約150年間もの間　天下動乱の過酷な時代が続いた。その経緯から考えると、この「米中経済戦争」は少なくとも20年以上は続き、突然の「株価大暴落」という深刻な事態が起こる恐れがある。

(1) 米中貿易戦争のはじまり

　　ＧＤＰ第1位の米国（ＧＤＰ　21兆ドル）と第2位の中国（ＧＤＰ　14兆ドル）との2国間の関税問題が貿易戦争の様相を見せているが、この問題は世界中を巻き込んで大変な事態を招くと思われる。しかもトランプ大統領は「宇宙軍の創設」という

とんでもない戦略を口にしているが、一度（ひとたび）両国の軍事衝突が
起これば世界は地獄に落ちる。困ったことに両権力者は共に独
裁者であり、側近に異議を唱える様な気骨のある者はいない。
（いたとしてもそういう有能な人財を、トランプは人事権を振
り回してすぐに首にしてしまう。）仮に2020年にトランプ大統
領が失脚したとしても「自由で公平な貿易ルール」を確立させ
ることは生易しいことではない。

(2)　世界的課題の解消

　　今　世界には下記の様な困難な問題が山積しているが、こうし
た問題を解決することは至難である。

イ．<u>戦争と核兵器と原発の廃絶</u>

ロ．<u>感染症対策</u>

ハ．<u>テロの撲滅</u>

ニ．<u>貧困と失業者の解消（格差是正）</u>

ホ．<u>環境破壊と異常気象の防止（地球温暖化対策）</u>

ヘ．食糧・水不足対策

ト．難民・移民対策

チ．自然災害対策（国土強靭化）

リ．海洋汚染対策（プラスチックゴミ等）

以上の様な「地球規模の課題」を解決することは極めて困難で
あるが、下記の様な各国別の案件も世界の混乱要因である。

ヌ．イランや北朝鮮の核・ミサイル問題

ル．米露の核軍縮問題

ヲ．英国のEU離脱問題

ワ．米中貿易問題

カ．中国と香港及び台湾との対立（天安門事件の再来？）

ヨ．パレスチナとイスラエルの2国家共存問題

タ．ベネズエラの超インフレ問題

レ．日朝拉致問題と北朝鮮の非核化

(3) 人口減少問題と年金問題

　前項の問題は世界の難題であるが、国内にも標記の難問が重く
のしかかっている。即ちわが国は今「人口減少社会」に直面し、
その影響で将来の「年金問題」に赤ランプが点灯している。本
問題を解決する為には「生活不安の除去」や「貧富の差の解
消」や「山間地の過疎対策」が求められてくるが、その為には
「林業」を復活させ地方分散型の産業構造に転換して「森林資
源の活用」を図ることである。そうすればわが国は「石油文明
から森林文明への大転換」を実現させることが出来る。幸いに
もわが国は国土の68％が森林であり、世界第4位の林業大国な
ので、その森林資源は十分にある。

　又　2010年に立法化した「公共建築物木材利用促進法」も追
風になっているので、今後木造建築物は大幅に増加する気運に
ある。従って国内の「林業」を活性化させて「地方創生」を実
現させることが出来れば「人生100年時代」の年金制度を支え
ることが可能になり、国民は安心社会を享受することが出来る。

(4) 木造超高層ビルの開発

　わが国は木造建築の長い歴史の蓄積がある。この技術力を生か
してわが国が「木造超高層」に取り組むなら　下記の利点が浮
上する。

　イ．「木造3次元門形ラーメン」の構造技術と「白蟻撲滅シス
テム」の研究を進めるなら、現在の超高層ビルを陵駕する
様な高性能の「木造超高層ビル」を建設することが可能に
なる。その上20 ～ 25％程度の「コストの削減」と「地球
環境問題」の改善を図ることが出来る。尚　木造超高層ビ
ルは利用者の「精神的安定」と「解体時の事故防止」を考
慮して「地上30階建」までとする。

　ロ．「木造超高層ビル」の輸出に力を入れるなら、現在の「自
動車産業」や「家電産業」に変わる新しい成長産業として
期待することが出来る。そして貿易摩擦問題を起こさずに

世界から歓迎されて輸出を続けることが出来る。

ハ.「木造超高層ビル」は下記のメリットを有しているので、本商品を輸出することによりわが国の国富を増大させることが出来る。

- ・トリプルガラス入サッシ等を先付けした大型パネルの採用（職人不足対策と安全対策）
- ・火災に安全（燃え代設計　3時間耐火）
- ・長寿命で高耐震（ＳＥ構法門形ラーメン　大断面集成材）
- ・低コスト（建物の総重量が軽くなるので建設コストを抑えることが出来る。）
- ・地球温暖化の防止（CO_2と消費エネルギーの削減）

(5)「木造超高層ビル」の輸出時の課税

「木造超高層ビル」は従来の「鉄骨超高層ビル」よりも総重量が軽くなるので安く建設することが出来る。この輸出に際しわが国は国内法で「国際連帯税」として5％の税金を掛けることにする。そしてこの税を活用して下記の国際貢献活動を行い「自国第一主義」の「エゴ」に「待った」を掛ける。

a. 世界連邦設立前

「世界連邦」のＰＲ活動等の運動を行い「世界平和」の為の資金源とする。（資金管理団体は日本国外務省とし、企業や個人や外国人からの寄付金も受付ける。）そして下記例のスローガンを世界に向けて発信する。

> 世界平和の為に5％の国際連帯税を将来の「世界税」として広めよう。
> そして「世界憲法」を制定し「世界連邦」を創設しよう。

b. 世界連邦の設立後（世界連邦の「世界税」として扱う。）

世界連邦がスタートしたならば、日本は世界連邦税務局に今までに徴収した本税金の残余額を移管する。

※国際連帯税の徴収例

 イ．航空券の購入時（全利用者）18才以上の成人1人につき片道500円

 ロ．外国人観光客の入国時　　18才以上の成人1人につき1,000円

 ハ．ホテル宿泊時（全利用者）ホテル代の5％

 ニ．「木造超高層ビル」等の特定商品の輸出時（わが国の国際貢献事業として日本の大企業に5％の税金を課す。）

※国際連帯税の活用例

 イ．難民の生活支援

 ロ．貧困対策と失業者対策

 ハ．感染症対策

 ニ．その他人道支援対策

国際連帯税の目的

「国際連帯税」は税金を取るのが目的ではない。本税は世界に芽生え始めている「自国ファースト」の風潮にブレーキを掛け各国の「共倒れ」に警鐘を鳴らす為のものである。

「博愛主義」が否定されるなら人類社会は迷路にはまり込みクシャクシャになる。「生老病死」は人間の宿命であり避けることは出来ないが「自国第一主義」を排除して地球市民がお互いに協力して住める社会を構築したいものである。この「友愛の精神」を失うなら生態系や地球環境は益々悪化し、やがて人類はあと500年で滅亡する。（宇宙双六説）

一方　世界に「平和」と「繁栄」が根付くなら、社会が明るくなり観光産業が活性化する。

12. 200年住宅の「在宅避難の家」

2020年5月25日

わが国には築後200年以上の木造建築物が数多くある。住宅は居住者の「生命」と「生活」を守り、地域社会の「経済」を潤滑に回すものでなければならない。その様な視点に立ち、これからの住宅は「200年住宅」の建設を目指すことを提唱する。本名称についてはミサワホーム㈱の創業者である三澤千代治氏が2008年8月に「200年住宅誕生」の書物（発行　プレジデント社）を刊行しているが、住宅は国民の耐久消費財であり、本書は「これからの大衆住宅」のあり方を予言した名著である。この様に「大衆住宅」には国民の要望を満たすことが望まれている。従ってそこに求められているのは下記の様に多岐にわたっている。

①巨大地震・スーパー台風に耐えられる頑丈な家。(<u>SE構法　600ガル仕様の家)</u>
②巨大災害が起こっても<u>避難所に行く必要のない「在宅避難の家」</u>。<u>(避難所に行けば却って新型コロナウイルスに感染する恐れがある。)</u>
③断熱性能が高く「夏は涼しく　冬は暖かい。」超省エネの健康住宅の家。(「結露」と「エネルギーロス」の少ない家)
④「地球温暖化問題」は人類に課せられた大問題である。本問題はCO₂等の「温室効果ガス」の濃度上昇に起因しているとされているが（CO₂は大気中に熱を蓄えるがその影響で21世紀末には地球の気温が　今よりも6.4℃程度上昇する恐れがあるという。）この問題を解決しないことには、人類はこの地球で台風や食糧不足や熱中症等により、生きていくことが出来なくなる。この様な時代的背景の下に、<u>わが国は「建物は木造で造る」ことを「国是」として掲げる</u>。

とにかく森林はCO₂を常時吸収している。そして1本の杉は、年間14kgのCO₂を吸収しているという。又　1ha（約3,000坪）の森林は974kgのCO₂を吸収し、固定化している。従って「200年住宅」はそのCO₂を200年間も固定することが出来る。(CO₂を地球上に出さない。)

この様なメリットを生かして全ての公共建築物は木造建築物（階数は30階まで）とすることにすれば、CO₂問題は徐々に解決する。又　このことにより古くからわが国で起こっている「巨大台風問題」も解決する。(大気中のCO₂を削減することによって太平洋の海面水温を下げることが出来る。このことによって熱帯性低気圧の発生を抑制することが出来るので、毎年の様に発生している台風を消滅させることが可能になる。)

⑤200年住宅のネーミングの様に「長寿命の家」にすれば、解体時には廃棄物の発生量を少なくすることが出来る。又「長寿命の家」を造ることによって「資源のムダづかい」をなくすことが出来る。

⑥「林業再生」で新しい国づくりをする為に、木造で建てた家は固定資産税を通常建物の10%減にする。

⑦自然と共生した「心の安らぐ」住まいとする。

⑧「白蟻4重対策（キソパッキン・アリダンシート敷・土台木炭塗・バイメタル付床下換気口）」と「雨もり撲滅対策」の工事を実施して「白蟻被害」や「雨もり」の生じない家づくりをする。

⑨人間が一番必要としているのは「水」と「空気」である。(体の約70%は水分であり、摂取する物質の約57%は室内空気である。)従って「きれいな水」と「きれいな空気」をとり入れた家づくりをすれば、「NK活性」の健康住宅を造ることが出来る。この様に「きれいな空気の家」に住んでいれば、人の細胞が元気になる。その為には下記に留意した設計をする。

〈健康住宅の留意点〉

脱　農薬系防蟻剤（ガン）

脱　ビニールクロス（ぜんそく）

脱　化学物質系塗料（シックハウス系症状）

脱　電磁波（ガン・白血病）

⑩「人生100年時代」にあやかり　「100年住宅ローン（20年毎に金利の見直しをする）」を運用して「財政基盤の強靭化」を構築する。

未来への希望

新型コロナウイルスに　打ち克って家族の命を守ろう。
そして「原発ゼロ」と「CO_2 ゼロ」を実現させて「幸せな社会」と「平和な世界」を実現させよう。

2020 年 4 月 30 日
宮林幸雄

13. 地球温暖化問題を考える

2020年1月21日
（3/11修正）
宮林幸雄

1. はじめに

　人類の拠点であるこの大地と海は「温室効果ガス」の排出量増大（この10年間で18％も増えているという。）により「地球の危機」が叫ばれている。そしてこの荒波は「自然災害問題」や「食糧・水問題」や「環境汚染問題」や「感染症問題」等のやっかいな問題を引きずって人類社会に数々の悪影響を及ぼしている。この様な流れを受けて私は2019年の1月に「平成時代の最後に思う。」と題して下記の一文を書いている。

　　日経平均株価が1万円割れの「大暴落」が起こる。（平成時代最後〈2019.4.26の取引〉の日経平均株価は22,258円であった。）

　「改元」という本来はめでたい時に、この様な暗い予測をしていたのは平成時代の半ば頃に「新型インフルエンザの猛威（題名は違っていたかも知れない。）」という映画を見たことによる。（この映画の感想は、こんな恐ろしいウイルスがかつてのヨーロッパで起こった「ペスト」の様に蔓延したら世界はどうなるであろうかということであった。このウイルスの恐ろしさについては「カンニング竹山」が熱演していた。又　「医療崩壊のシーン」は現実に今　世界で起こっていることを予言している様な凄まじい混乱ぶりであった。）
　この様に「ウイルスの爆発的拡大」によって「人から人への感染」が起こりパンデミック（爆発的感染拡大）が起こるなら世界は大混乱に陥り株価は暴落する。又令和2年開催予定の「東京オリンピック」も延期になる恐れが出てくる。そして「人・

物・金」の流れが止まって世界経済は深刻な事態に陥る。こうなればかつての世界恐慌（1929）が再び勃発し、世界の各国で企業倒産の連鎖が起こる。この様なリスクを防ぐ為にも「地球温暖化問題」を解決して「大規模自然災害」をなくし、本年流行の「新型コロナウイルス」を撲滅することが急務の課題になる。

2. 気候変動の脅威

前項の如く「温室効果ガス」の増加によって「地球温暖化」が進行し「異常気象」が地球上の各地で起こっている。そして南極では、この10年間に4兆億トン近くの氷山が溶けてしまっているという。又　現在の北極の棚氷の厚みは2mを切ってしまい、「氷の大陸」は消滅寸前にある。特に　近年では異常乾燥や落雷によって大規模な「森林火災」が発生し、大量の樹木が焼失したり動物が死んでいる。その上　太平洋では「CO_2による海面水温の上昇」によって大型台風が発生している。そして異常低気圧が発達して巨大台風が頻発し、河川の氾濫や土砂災害が多発している。このまま海面水温が33℃位にまで上昇すれば、これから10年以内に伊勢湾台風（最大風速55.3m/s）の2倍位の「スーパー台風」が吹き荒れても何ら不思議ではない。現実にもフィリピンの沖合では風速90m/sの超巨大台風が発生しているので（2013.11.8）太平洋の海面水温があと3℃程度アップすれば、風速100m/sのスーパー台風が日本列島に上陸する恐れがある。こうなると建物や送電鉄塔等に甚大な被害が及び利根川等の大河川の堤防が決壊し、首都圏は水没してしまう。現実にも「国土強靭化」が叫ばれているが、大洋の「海面水温の上昇問題」を解決しない限り、この掛け声は空念仏に終ってしまう。こうした「異常気象」による年間損失額は過去の10年間で84%も増加しているということであるが、これからの10年間ではもっと凄い数値になっていることと思う。何

れにしろこのまま「CO₂放散」を黙認しているなら人類は生きていくことが出来なくなる。その意味では2030年までの10年間は「人類の正念場」である。

3. 脱炭素社会の未来像（CO₂削減対策案）
   a. 「鉄骨超高層ビル」を排除して「木造超高層ビル」への大転換を図る。
      鉄は製造時に多量のCO_2を排出している。この為旧来の建築構法を変えて、木造の超高層ビルにCO_2を吸収させる。（木材は「CO_2の缶づめ」である。）
   b. 山口県・秋吉台の鍾乳洞にならって大気中のCO_2を吸収し強度が強く長寿命の「スーパー生コン」を開発する。
      ※従来の生コンに下記の材料を混入して「高強度・長寿命の生コン」を開発する。
      ①人工砂（火山灰＋ミカゲ石破砕材）
      ②人工骨材（コンクリート産廃材＋溶岩破砕材）
      ③新素材X（二酸化ケイ素＋酵素＋固化剤）
      上記の材料を下記の化学式の如く反応させる。そして炭酸石灰に「二酸化炭素」を吸収させて「CO_2の削減化」を図る。又化学反応によって生じるH_2Oは生コンの補給水として一体化させる。

      $$Ca(OH)_2（水酸化カルシウム）+CO_2（吸収）\rightarrow CaCO_3（炭酸カルシウム）+H_2O（補給水）$$

   c. 水素を利用した「燃料電池車」を導入することにより自動車の「脱石油」を推進させる。
   d. 「人口減少社会」を改善して雇用の確保された「平和で楽しい社会」に変える。
   e. 「CO₂ゼロ」を実現させることにより「スーパー台風」を防ぐことが出来る。即ち諸悪の根源である「CO₂問題」に結着

がつくことにより大規模自然災害が減少に転じる。

4.　平和と繁栄を実現させるネットワーク（P・H・N）の開発目標
　(1)　「原発ゼロ」と「CO_2ゼロ」を達成すると共に「ウイルス」と「戦争」と「核兵器」をなくす。（3大厄病神の追放）
　(2)　「世界憲法」を制定し「世界連邦」を創設する。
　(3)　「スーパー生コン」を開発しCO_2を原料にした「1,000年もつコンクリート」を造る。
　　　　当地方の豊橋では「鬼祭り」という祭礼が毎年行なわれていてその伝統は1,000年の長きにわたって地域住民に受け継がれている。この伝統に学び建物も1,000年もつ家づくりをしたいものである。この為「人工砂」と「人工骨材」を混入した生コンに「新素材X」を投入して「基礎コンクリートの強度向上」と「大気中のCO_2の吸収」を目ざす。そして「CO_2」と「酵素」を化合させてCO_2とSiO_2を固定化する。この様にCO_2を原料にして「スーパー生コン」を製造することが出来る様になればCO_2を吸収して「地球温暖化」に歯止めを掛け、高強度の生コンを製造することが可能になる。そして巨大台風や大洪水を防止することが出来る。
　(4)　「木造超高層産業」の事業化
　　　　「鉄骨超高層ビル」を排除して「木造超高層ビル」を導入し「CO_2の大幅削減」を目ざす。（SE構法・門形ラーメンの採用）
　(5)　「太陽熱利用温室」の建設と「農家ロボット」の活用
　　　　太陽熱と砂とゴロタ石による「ソーラー床暖房」を採用した「ゼロエネ温室食物工場」を建設し「省エネの推進」と「食糧の増産」を図る。
　(6)　住宅に「ソーラー足湯」を併設して太陽熱を利用した「健康増進システム（免疫力の向上）」を導入する。（「足湯」

は利用者の免疫力を高める。)

(7)「物流システム」の大改革

　　　自動車や航空機に依存していた従来の物流システムを改めて「木造高速帆船とドローン」を併用したシステムに切り替えて「風力」と「波力」で「CO_2の削減」を図る。

(8)「CO_2削減対策」を推進する為に「公共建築物木材利用促進法（2010年制定）」を改正して「公共建築物のほとんどを木造で建設する」事を法案に盛り込む。

5.　CO_2削減対策の成果

(a) 近年の「気候変動問題」にブレーキを掛けることが出来るので「スーパー台風」や「大洪水」や「土砂災害」等の「大規模自然災害」を防止することが出来る。

(b) 世界経済が好転して「世界の平和」と「社会の繁栄」が実現する。

1,000年の伝統を伝えている「豊橋の鬼祭り」
（重要無形民俗文化財）の祭礼

14.「新型コロナウイルス恐慌」の緊急対策（私案）

令和2年3月15日
宮林幸雄

現在起こっている「新型コロナウイルスの感染拡大」は中国・湖北省の武漢市（人口1,000万人）から始まり（令和1年11月）世界各国で蔓延している。恐ろしいことにこのウイルスの感染者数はその国の人口の7割（ちなみに中国の人口は13.4億人）に達する恐れがあるという。（米・ハーバード大学教授の予測）この衝撃はかつての「石油ショック（昭和48年）」や「バブル崩壊（平成2年）」を上廻るものである。しかもこの混乱は株価の暴落を招き、世界経済の行き先に赤ランプを点灯させている。ウイルスという「目に見えない敵」は今後も新種のウイルスを次々と生み続けるのであろうか？となるとこれからも人類は常にこの新生ウイルスと戦っていかなければならなくなる。人類はこの病原菌の「全能ワクチン」と「完全治療薬」を開発しない限り「東京オリンピック」の開催は出来なくなる。

本問題は人の命に関わることであり、メンツや政治力で決めることではない。とにかく選手村や新設された国立競技場のスタンドからウイルスのクラスター（感染集団）が発生するなら、オリンピックの「安全・安心」は担保出来なくなる。又　「東京オリンピック」は予定通りに令和2年7月24日から開催することが出来なくなるなら、その経済的・社会的な打撃は相当に深刻なものになる。こうした「コロナ・オリンピックショック」のダブルパンチは未曾有の経済悪化をもたらすものと思われる。従って今回の経済対策は「小出し」では役に立たない。即ち　本問題は先例にとらわれない思い切った対策でないと国家の存亡に関わってくる。又　「失業と貧困問題」を解決して国民の「雇用」と「所得」を守れないなら、多くの国民は路頭に迷うことになる。その様な意味から人道支援の観点

に立って政治が解決しなければならないが、この対策に失敗するなら世界は重大な危機に陥る。とにかくこの状況では「東京証券取引所」発の世界恐慌級の「株価大暴落」がいつ起こっても不思議ではない。その様な視点から「令和恐慌」の緊急対策案を下記に記してみる。

A コロナ対策のプロジェクト案

① 「2020 東京オリンピック」の開催を延期する。

（開会式は「1964 東京オリンピック」にならい、2021年10月10日に行う。）

※少なくともWHO（世界保健機関）はパンデミック（世界的大流行）を宣言しているし、イタリア・スペイン・フランス・ドイツ・中国・米国等でのオーバーシュート（爆発的患者急増）が起こっているので、「東京オリンピックの開催」は絶望的になる。

② 「コロナウイルスの感染拡大」を受けて倒産や失業等により生活に困窮している人々に1家族当り50万円の「生活支援商品券（政府保証金券）の配布」をして生活苦の家庭を支援する。（所得制限有）

③ コロナウイルスに被災し事業に支障を来している中小企業に上限200万円の低利（0.5％）特別融資を行う。（無担保・無保証人・2年据置・20年返済）

※本年の5月頃からかなりの倒産や廃業が起こると思われるので速やかな決断が求められる。しかも今回の経済悪化は中小企業だけでなく、大企業やメガバンクにも火の手が拡がるので、各業界で深刻な問題が起こる。

④ 医療・健康対策の拡充

地域拠点病院を充実させて「医療崩壊」を防ぐ。

※「ウイルス戦争」に勝つ為に「バクテリア新薬」の開発を急ぐ。コロナウイルスの治療薬の候補としては、わが国には富士フィ

ルムの子会社が開発した「アビガン」があるが、この薬の人体
実験が成功すれば、現実にウイルスと戦っている世界の患者に
とって朗報になる。

⑤国土強靱化

（巨大地震・スーパー台風・豪雨対策の強化）

※太平洋の「海面水温」が上昇しているので、これから風速
100m/秒級の「スーパー台風」が日本列島を直撃する。（温暖
化を防止して海面水温を下げ低気圧の発生を抑え台風を阻止し
なければならない。）

⑥「原発ゼロ」と「CO_2ゼロ」の積極的推進

少なくとも昔は「エボラ出血熱」等のウイルス系の病気はなかっ
た様に思う。もしかしたらこれは「原発」からもれてくる「放射
能」のせいであろうか？　あるいは経済活動から生じてくる「二
酸化炭素」の大量発生や「気候変動」によって起こる「大気圏汚
染」に起因しているのであろうか？

又　アフリカや中央アジアでは「バッタの大群」によって農作物
に大きな被害が生じているというが、これも「コロナウイルスの
大発生」と似ている様に思われる。その様な観点に立てば「スペ
インかぜ」（1918 ～ 1919にスペインで発生し、国内の感染者数
は5,000万人～1億人といわれ、全世界では5億人位が感染した
といわれている。この影響で兵士が不足し、第1次世界大戦の終
戦が早まることになった。）や「ペスト」（1346 ～ 1350に英仏で
人口の1/3が病死した。）の蔓延が発生したが、これには「工業
の発達」や「文明の大転換」が関係しているのかも知れない。

そう考えてみると　今は「100年に1度の社会的大変化」が起
こっている最中である。コロナウイルスはこの激変に刺激されて
暴れまわっている恐れがある。そして冬眠から覚めて世界中に出
没しているのではないだろうか？　となると「人類とウイルスの
戦い」は1年やそこらでは終わらない。やっぱり「2020 東京オ
リンピック」や「プロ野球の公式戦」は今年はアウトだ。

Ｂ　プロジェクトを実現する為の財源案

　Ａのプロジェクトを実現する為に、下記の財源を確保する。

　　a.　消費税減税（緊急事態減税）
　　　　消費税を10％から5％に引き下げる。予算6兆円の税収減。

　　b.　法人税増税　　　　　　　　予算3兆円の税収増
　　　　（貧困をなくすことが大企業の経営にとってもプラスにな
　　　　ることを理解していただく。又　このことにより消費が拡
　　　　大するので景気が良くなる。）

　　c.　防衛予算の減額　　　　　　　予算2兆円の節税
　　　　（役に立たない巨額兵器の購入をとりやめる。）

　　d.　行政改革（人間力の活性化）　予算1兆円の節税
　　　　　　　　　　　拠出財源の合計 12兆円の歳出減

　Ｂの対策から捻出される12兆円では、Ａのプロジェクトを達成す
ることは困難になるので不足資金は赤字国債で賄う。但し　この
赤字国債は劇薬であり、2～3年後には「インフレ」を招く恐れ
があるので、慎重に対処しなければならない。

Ｃ「コロナウイルス戦争」の今後について

　今回のコロナ問題は「人類軍対ウイルス軍」の戦争である。（ウ
イルス軍がどんな秘密兵器を所持しているかは　今の所不明であ
る。）残念なことにこの「コロナウイルス」という伝染病を治療
する特効薬はまだ開発されていないので、人類軍は「長期戦の覚
悟」をしなければならない。少なくとも「コロナ戦争」は「人・
物・金」の動きを全て止めてしまうので、その結末は「世界経済
の大破壊」を招く。従って人間の生命は常に危険にさらされるこ
とになり「コロナ軍との第3次世界大戦」が勃発する。（確率
10％）又　一方では「株価大暴落」（日経平均株価の1万円割
れ）と銀行の「金融破綻」によって人類社会は「世界恐慌」に巻
き込まれる恐れがある。（確率50％）

　この「国難」に当り　人類は「団結と連帯」によってこのウイル

ス軍に勝利しなければならない。尚人類がウイルスに勝ったとしても、また新しいウイルスが出現してくるので本件の根本的解決を図らなければならないが、その為には人類は下記に努めなければならない。

a.　オーバーシュートが起こってネズミ算式に増えてゆくウイルスを新薬で撃退する。（コロナウイルスの発生をなくす。）

b.　「原発ゼロ」と「CO_2ゼロ」を達成して「大気圏内の環境浄化（宇宙ゴミの除去）」に努め「大気のきれいな宇宙」にする。

c.　人間の「欲望」を抑制して「経済優先社会」から「人間優先社会」にする。（人類は「欲望の肥大化」から滅亡する。）

d.　「世界憲法」を制定し「世界連邦」を創設して、地球社会の「新秩序」を創る。（世界平和の実現）

追記（R2・3・27）

D「コロナ問題」について考える。

　私は令和2年1月29日に、近くの病院のウイルス検査で「新型インフルエンザ」（コロナではない）の「陽性判定」が出た。又その2日後には妻にも病状が移ったが、そのウイルスの「感染力の強さ」には驚いた。（幸いにも2人は「タミフル」で完治した。）私は以前から「人類滅亡500年説」を唱えていて「宇宙双六300億年の旅」のポスターとその解説版を制作したことがある。そしてその原因を「気候変動」や「原発の放射能」による「自然破壊」を睨（にら）んでいたが、改めて「感染症の怖さ」を認識した。何れにしろ本問題は世界を揺るがす大問題である。人類は今まで戦争によって多くの命を失ってきたが歴史の記す所によれば、ウイルスを原因とする死亡者数は戦争と同様に数が多い。しかもワクチンや治療薬の開発にはこれから2〜3年を要すということでも

あり「パンデミック」の状況は年内は続くと思われる。（従って「コロナウイルス」の終息は早くても来年の夏頃か？）そうなると年内は「医療崩壊」や「院内感染」の恐怖が今後も続くことになる。以下に改めて本問題について考えてみる。

①東京圏・関西圏・中京圏の大都市密集地帯での「爆発的感染」の阻止

　大都市部にはジェット機や新幹線・地下鉄・私鉄及びJR電車が走っていて特にジェット機や新幹線は「換気の悪い」密閉空間になっている。この為この「三大都市圏」で新型コロナ患者が発生すれば、新幹線でつながった「オーバーシュート」が起こる。新幹線は乗客を乗せて走る列車であるが、これが「コロナウイルス」を乗せて走る様になると、その伝染スピードは「リニア」並みに早くなる。こんな「オーバーシュート」が起こるとこの3大都市圏で発生する感染者はうなぎのぼりに増えていく。しかしこれらの交通機関を封鎖するならば、経済活動が機能不全になり大パニックが起こる。そして世界経済が瓦壊する。又コロナウイルスが爆発的に伝播し、多くの人々がこの伝染病に感染して経済は死んでしまう。

　※この事態にブレーキをかけるには、3大都市圏を結ぶ航空機と新幹線を1ヶ月程度止めなければならない。（少なくとも「新幹線」を止めて「出張」や「旅行」をなくせば学校の「休校」よりも効果が出る。）でないとわが国でもイタリアやスペイン・アメリカの様な「医療崩壊」が起こる。又わが国がこの対策に躊躇しているなら、人類社会は「世界恐慌」に直面し、その修復には10年以上を要すことになる。

②アフリカ諸国での「感染拡大」

　新型コロナウイルスの感染確認国は179ヶ国（3/24現在）に増大しているが、これから冬に入るアフリカ諸国が加われば、まもなく地球上のほとんどの国々が感染国になる。こうした発展途上国には医療施設が完備していないので一方で「医療崩壊」

がどんどん進む。そして医師や看護師や医療機器の不足から医療がパンクする。こうして「コロナウイルスの感染拡大」は世界中を恐怖に陥れる。又　一方ではこの流れが「突然変異」を起こし、もっと強烈な新しいウイルスが生れるかも知れない。とにかくコロナウイルスは人類にとって「未知の怪物」であり、これからどんな攻撃を仕掛けてくるかは誰にも分からない。

③「コロナ被害」による経済活動や生産活動の中止

「コロナ問題」で世界中が揺れていて、下記の様な悲痛な声明や「コロナ警報」が発せられ世の中が騒然としている。

　　イ．イベントや花見宴会等の自粛の要請
　　ロ．休校・テーマパーク等の休園の要請
　　ハ．在宅勤務（出勤停止）不要不急の外出制限（外出の自粛）
　　ニ．国境封鎖（移動の制限）渡航制限・入国拒否
　　ホ．需要減による工場の操業中止
　　ヘ．航空路線の欠航
　　ト．国家の税収減（経済悪化とコロナ死者の増加による生産活動の低下）

④「2020 東京オリンピック」の延期

「コロナ問題」で世界中が混乱しているが、この流れを受けて東京オリンピックの「1 年程度の延期」のニュースが流れている。（3/25）幸いにも米 TV 局の NBC や IOC・日本陸連等のバックアップもあって何とか「中止」ではなく「延期」の線で落ち着いたが、この先「難問山積」であることは間違いない。又 1 年先でも開催出来るかどうかはまだ分からない。（1 年でワクチンや治療薬を開発するのは大変に難しい状況下にある。）

⑤「コロナショック」による経済の混乱

今回の「コロナショック」により、これから下記の様な「経済界の大混乱」が起ころうとしている。

　　イ．年間売上高の激減と店舗・工場の閉鎖

ロ．倒産・廃業の多発、失業者の増加

ハ．「不況下の物価高」という悪性インフレが起こる。

ニ．各方面での「自粛要請」により景気が極端に悪化する。

ホ．医療体制の逼迫・失業保険と休業補償の増加

ヘ．生活困窮者とホームレス（ローン破産・天災による家屋の倒壊）の増加

ト．金融機関の破綻と観光業の衰退・臨時休業

チ．経済界の「将棋倒し」（信用不安の連鎖）

リ．仕事の減少・受注の激減

ヌ．航空機産業と自動車産業の衰退

⑥「世界同時不況」の到来と「世界連邦」の創設

「人類の歴史は疫病との闘い」と言われてきたが、正に今「人類とコロナウイルスとの戦い」が現社会で起こっている。とにかくこのウイルスの感染拡大により「世界同時不況」が起こっているが、この問題は国レベルでは解決出来ない。しかも世界各国が「コロナ対策」を誤れば、世界はとんでもない事態を招くことになる。この意味から「世界の一致団結」が強く求められてくるが、人間には「〈災〉を転じて〈福〉と成す」の叡智が授けられている。今こそ「世界連邦」の出番だ。でないと「世界経済の大破壊」が起こり「株価大暴落」が勃発する。そしてこの動きは大きな渦になって人類社会を直撃する。（「世界恐慌（1929）」の再来）この様に「経済・金融の大混乱」と共に、「医療崩壊」が起これば コロナの感染者は膨大な数になり、この地球は地獄界になる。

⑦人が動けば　コロナウイルスが拡がる。又　人や物が動かなくなれば経済は死んでしまう。この非常事態を乗り切る為には、前項のＢで触れた様に国がドカーンと資金を出すことである。しかしこの問題をためらっているなら国は亡びる。

272

15. 台風対策・地球温暖化対策・コロナ対策について

2020年4月15日

その1　台風対策

日本列島には昔から多くの台風が上陸し、地域住民に甚大な被害を及ぼしてきた。しかもこれからの台風は年々大型化し、その被害は「河川の氾濫」や「土砂災害」や「建物の倒壊」が増加する。今までは台風被害は「天災」としてあきらめるしかなかったが　実は台風は「天災」ではなくCO_2のバラまきによって起こる「人災」である。人災である以上、人災に関わる部位を排除すれば、この台風を根絶することが可能になる筈である。即ち　地球の廻りは「温暖化ガス」の膜に包まれていて年々「地球温暖化」が進行している。この為　太平洋の「海面水温」が上昇して「熱帯性低気圧」が発生し、やがて台風となって北上する。この様に「海面水温」が高くなればなる程、台風は大型化する。

一方　海面水温を低く保っていれば、台風は発生しないですむ。即ち「地球温暖化」をくい止めることが出来れば、台風は起こらなくなる。その為には地球上で発生している二酸化炭素」（CO_2）を吸収して「温暖化ガスのバリアー」をなくせば良い。そして　下記の「地球温暖化対策」を実行に移せば「台風ゼロ」を実現させることが出来る。

その2　地球温暖化対策

イ.「林業」を活性化させてCO_2を森林に蓄える。

ロ.「鉄」から「木」に産業構造の仕組みを切り替える。
　　即ち「鉄骨超高層ビル」から「木造超高層ビル」への

大転換を図る。そして「木造超高層」の新しい産業基盤を作り、木材を次世代産業の「基幹資材」とする。

ハ．「安全住宅」の普及を図り、今までの「CO₂放散」をくい止める。

その3　コロナ対策

令和2年（2020）は「コロナウイルス恐慌」が勃発し　世界が騒然としている。本問題を解決する為には縄文時代の様な「きれいな空気」の地球環境づくりをすることが不可欠である。即ち現在の地球環境は「文明」と「工業化」と「経済」の発達が限界に達し、地球環境の汚染が進み生命が危機的な状況にさらされている。そして「自然」や「空気」や「水」が汚染されている。この実態に鑑み「宇宙の大意志」は「もっと地球をきれいにしろ！」と警告を発してコロナ軍を送っているのかも知れないが、この問題を解決する為には、下記の対策が必要になる。

イ．ワクチン及治療薬の開発

ロ．医療崩壊の阻止（医療体制の強化）

ハ．世界の団結と協調（共生社会の構築）

ニ．世界憲法を制定し、世界連邦を創設する。（戦争の放棄と世界平和の実現）

16. 世界の平和を守る世界連邦のスキーム案（添付資料②）

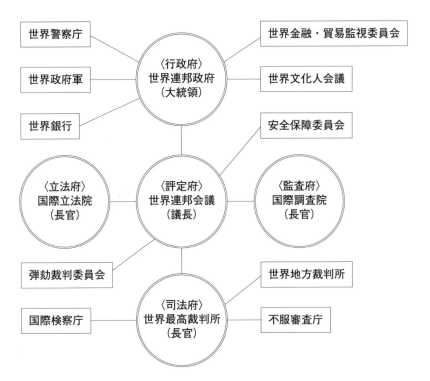

※　◎内は各国の主権を超えた上位の意志決定機関で　夫々の部門での絶対権を有す。

〈核廃絶の叫び〉

わが国は広島・長崎への「原爆投下」につづき、「第5福竜丸
（乗組員23人）」がビキニ海域での水爆実験により「死の灰」
をあびた。
こうしてわが国は「3度目の原水爆被害」を受けたのであるが、
この様に悲惨なことは絶対に繰り返してはならない。

17. 宮林幸雄のページ

経歴書（2019.2.28現在）

「住まいづくりと健康」のシンポジウムにて
（H10年　ホリデーイン豊橋）

氏　　　　　名	宮林幸雄 みやばやしさちお
生年月日（年齢）	昭和15年（1940）8月18日（78才）
勤務先（職務）	株式会社宮林工務店（代表取締役）
学　　　　　歴	京都工芸繊維大学　工芸学部　建築工芸学科卒業（昭和39年）
職　　　　　歴	㈱新井組（本社兵庫県西宮市）を経て現在に至る。（同社は倒産した為　東証1部上場企業から姿を消している。）
保　有　資　格	1級建築士　1級建築施工管理技士　SE構法施工管理技士　α-SE構法施工管理技士　衛生管理者　宅建士
加　入　団　体	㈳愛知建築士会　㈶京都伝統建築技術協会　世界連邦・北海道　ネットワーク「地球村」　原発いらない東三河の会　立憲民主党サポーター
活　　動　　歴	「キャピタルフォーラム21（代表　故小野喬介）」の設立（1992）に伴い市民レベルでの「首都機能移転問題」の活動に参画する。平和運動家（世界憲法制定運動　世界連邦運動）
出　　版　　歴	本能寺の変と千利休（2001文芸社刊※）※絶版

作品歴

昭和47年4月15日	「新しい価値観の大系について」（毎日新聞懸賞論文）　　　　（B5版　125ページ）
昭和55年9月12日	ホワイトキャビンは主張します 　　　　　　　　　　（変形版　8ページ）
平成2年2月28日	21世紀の土地政策論 　　　　　　　　　　（A4版　118ページ）
平成2年12月15日	21世紀の国土をデザインする　豊橋遷都論 　　　　　　　　　　（A4版　110ページ）
平成5年11月7日	宇宙双六300億年の旅（画　栃久保操） 　　　　　　　　　（A1版カラー　1枚）
平成6年2月15日	未来を語り新都を創ろう（首都機能移転 パートⅡ）　　　　（A4版　54ページ）
平成9年2月7日	東三河のロマン（A4版　97ページ）
平成11年7月15日	池田輝政の夢（A4版　101ページ）
平成12年3月4日	住まいの健康と安全　　（A4版　46ページ）
平成20年12月1日	世界憲法17条草案（宇宙双六解説版） 　　　　　　　　　（A4版　100ページ）
平成23年4月8日	地産地消の家が森林を守る（A4版　30ページ）
平成24年10月10日	「原発ゼロ」と「超電導」節電システムについて　　　　（A4版　35ページ）
平成25年8月31日	世界連邦を実現し　世界を一つに 　　　　　　　　　（A4版　76ページ）
平成26年11月1日	原発ゼロと　世界連邦を実現させよう（改訂版）　　　　（A4版　42ページ）
平成28年11月1日	平和の仕組み（世界憲法108条草案）

平成30年5月5日　　「伊賀越えの決闘」の資料収集に着手する

（未完）

（現地調査の為　鳶ノ巣山〈標高154m〉に登山するが、坂道を登ることが出来ず途中で引き返す。）

18.　結び

2020年4月15日

宮林幸雄

2020年（令和2年）は「平和の祭典」の「2020　東京オリンピック」の開催予定の年であった。それが中国・武漢発の「新型コロナウイルスの感染拡大」により1年延期になった。

私は　旧国立競技場での開会式で、さわやかな青空に浮かび上った「五輪マーク」のみごとなアクロバット飛行を見ているだけに、あのすばらしい開会式が再びTVで見られるのだと楽しみにしていたが、延期の報に拍子抜けしてしまった。しかも「新型コロナウイルスの無気味な情報」が連日の様に世界を駆け巡っていて人類社会は大変な危機に直面している。

とにかく「オリンピックの延期」と「コロナ危機」のダブルショックはとてつもない激震であり、本当にこの「コロナの脅威」があと1年で終息するのだろうかと心配になる。コロナウイルスの原因や治療薬については　今尚不明であり軽々には語れないが、過去の新型ウイルスの発生が「人口密集地」の武漢で起こっていることを考えると、この「感染爆発」の原因は「人口密度」に由来していることと思われる。（その意味では世界の大都市はほとんどが危険地帯である。）

又　その底流にある事象は「文明」と「工業化」が深く関わっている様に思われるが、この様な感染力の強さは「気候変動」に起因しているのではないだろうか？　要するにこの問題も「CO_2問題」と同じ根っ子をもっている様に思われる。この様に本件も「地球環境問題」がからんでいるとなると、この問題を「一国のみの力」で解決することは不可能である。

ましてやアメリカの様な超大国の大統領が「アメリカファースト」という様な「エゴ」を主張するなら（WHO脱退・イラン核合意の

破棄・パリ協定離脱）、国際社会は収拾不能になる。即ちこれからは「争いの時代」から「協調の時代」にシフトして「国際的な協力体制」を構築しなければならないのであり、「独裁的な政治体制」ではこの人類社会を「平和な社会」にすることは出来ない。

しかしこの度の「コロナ危機」や地球規模で起こっている「気候変動」は、この様なグローバルな問題に対して「世界の一致団結」が必要であることを訴えている。そして巨大軍事力が「役に立たない」ということを世界に示している。とにかくこうした世界規模の問題を解決する為には、今の国連の組織では通用しない。即ち世界の新組織として今こそ「世界連邦の創設」が強く求められてくる。その為には「世界憲法」を制定して「人類社会の新秩序」を確立することである。この様にして「世界を一つにする」ことは地球市民の責務である。

追記（2020.4.30）

もしも米国のハーバード大学の教授が公表している様に「コロナワクチンの開発」が、2年後の2022年ということになれば「東京オリンピック（2021）」は「延期」ではなく「中止」になる。そして世界経済は「大恐慌」にぶつかって重傷を負い、現下の資本主義社会は大崩壊する。

少なくともわが国は150年間も続いた戦国社会を徳川家康が「元和偃武（げんなえんぶ）」の号令を発して戦火を止め、260余年も続いた江戸時代という「天下泰平の世」を実現させた。この家康の「戦争放棄」の願望はわが国の現憲法にしっかりと明文化されているが、その後昭和・平成・令和の「3代・75年」にわたり「平和な時代」が続いた。

しかし「新型コロナウイルスの出現」によって「人類の命と生活」は風前の灯火である。この「危機の道」にはどんな山賊が待ち伏せしているかは分からないが、このコロナ問題はこれから「社会の大激変」を呼ぶことは疑いのないことと思う。その1つに今「9月入学」が議論されている。本件については私は「9月入学」そのもの

は「可」とするものの、現実のコロナ問題が本年度中に解決すると
は思わないので、今はコロナを終息させることに専念して「9月入
学問題」は先延ばしにすべきだと思っている。コロナは1度終息し
ても第2波・第3波の波が襲ってくるので細心の注意が必要である。
「スペイン風邪」の場合は第2波の方がひどかったということであ
るが、この流れでいくと今年の秋が危ない。

何れにしろこれからは「人類社会の大問題」が次々と浮上してくる
ことは間違いない。この為「宇宙の大意志」は新型コロナウイルス
にそんな警鐘を連打させているのかも知れない。もしもこの警告が
役に立たないなら次にはどんな「新・新型ウイルス」を起用するの
であろうか？「コロナ」は今　世界中を混乱の渦に巻き込んでいる
が、もしかしたらこれは人類が「新しい社会を創る」チャンスにな
るのかも知れない。かつてわが国は太平洋戦争によって「国土の荒
廃」と「310万人もの犠牲者の発生」という辛酸をなめた。その様
な苦難の中で、先人の努力により「平和憲法」と「経済復興」を勝
ち取った。しかし戦後75年を経た現在そこにほころびが生じ始め
ている。

この度の「コロナ大恐慌」はその「戒め」として「宇宙の大意志」
が警告を発しているのだと思う。ならば我々はその思いを真摯に受
け止めて今度こそ「世界の恒久平和」を実現させなければならない。
世界は今「米中2大大国」が「軍事力」と「経済力」でその覇を競
い合っているが、そんな「エゴ」のぶつかり合いでは今回のコロナ
戦争には勝てないということを両国は知った筈である。又「コロナ
戦争」では武器や経済は一切役に立たないことを知った筈である。
（少なくとも「医療崩壊」は武器では止められない。）

わが国はこの度の「新型コロナウイルス」により巨額の赤字国債を
発行しなければならなくなる。当然のことながら国債はいつかは返
さなければならない。本件に関し、日銀総裁はその国債を「日銀が
いくらでも買い取る。」と豪語しているが（財政ファイナンスの実
施）こうした政策（中央銀行が国債や株の様に値動きのある不安定

281

資産を保有すること。）は「国際ルールの禁じ手」であり国家の取るべき策ではない。

こうしたルール違反を続けていれば「円と株の同時暴落」が起こる。そしてある日突然に「ハイパーインフレ」が勃発して世界経済は大不況に陥る。そうなれば「世界恐慌」はどこの国にとっても対岸の火事ではすまされない。

「世界連邦」の基本理念

①地球温暖化の防止（CO_2ゼロの実現）

温暖化による異常気象を止めて　人類滅亡を阻止する。

②核兵器廃絶と戦争放棄（世界平和の実現）

戦争をなくして「生命の安全」と「心の平安」を守る。

③貧困の撲滅（格差是正）と食糧・水不足対策

国際連帯税で世界の貧困と飢餓をなくす。

④脱・原発と脱・電磁波（命を大切にした社会の構築）

原発と電磁波を排除して苛酷災害をなくし人類の健康を守る。

⑤感染症との共生（経済優先社会からの脱却）

新型コロナウイルスは「資本主義社会」から「人間主義社会」への大転換を求めている。

このテーマは「人類の課題」であり本問題の究明は「人類の連帯責任」である。

世界の各国はお互いに協調し「和の理念」を大切にして「平和で幸せな社会」を築かなければならない。そして「世界憲法」を制定し

「世界連邦」を創設して「楽しい社会」を作ることを祈念する。

2020年（令和2年）8月18日

宮林　幸雄

世界憲法と世界連邦で平和の仕組みを創ろう

2021年8月15日　初版第1刷発行

著　者　宮林 幸雄
発行者　瓜谷 綱延
発行所　株式会社文芸社
　　　　〒160-0022 東京都新宿区新宿1－10－1
　　　　　　　　電話 03-5369-3060（代表）
　　　　　　　　　　 03-5369-2299（販売）

印刷所　株式会社フクイン

ISBN978-4-286-20127-6